KB102044

영문독해의 아이러니

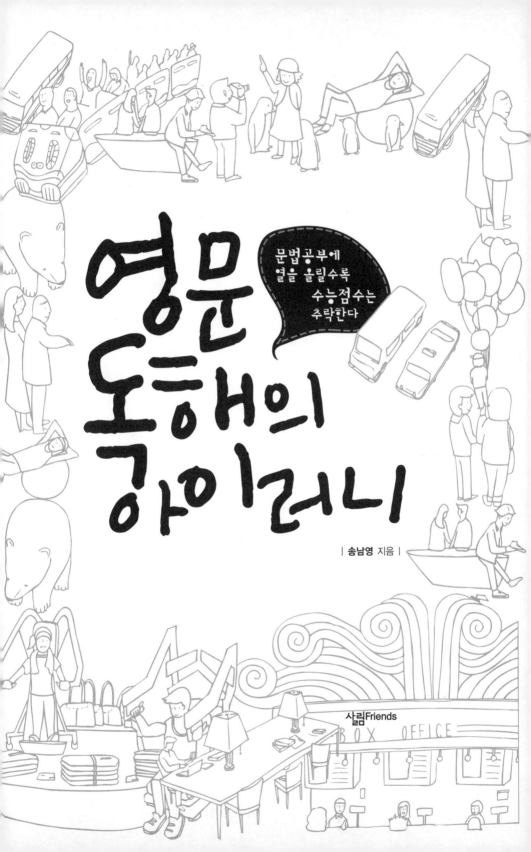

영어의 큰 그림을 알고 나면 영어가 쉬워집니다

영어 공부를 제법 많이 하는데도 영어 문장 하나하나가 경쾌하게 들어오지 않아 답답해 하는 사람들이 많을 것입니다. 시험 점수도 늘 제자리를 맴돌고 있겠지요.

단어가 부족한 것일까? 독해문제집을 더 많이 풀어야 할까? 문법책을 몇 번 더 보면 나아질까? 이런 고민 다들 해봤을 겁니다. 그리고 실제 한두 번쯤은 그렇게 해보기도 했을 테고요. 그런데 그런 것들이 과연 근본적인 해결책이 돼주었나요?

그토록 많은 시간을 들여 기초를 쌓았는데도 "영어 어때?" 하고 물으면 대부분 "Oh, no!"라고 대답합니다. 영어에 투자한 시간만큼 효과를 못 보는 것은, 영어가 어려운 언어여서도 우리나라 사람들의 지능지수가 낮아서도 결코 아닙니다. 그건 우리가 이제껏 영어의 가장 기본적인 그림, 다시 말해 그들의 사고방식도 제대로 이해하지 못한 상태에서 세세한 문법에 쓸데없이 많은 시간을 쏟아왔기 때문입니다.

문법 공부 열심히 해서 영어가 쉬워졌습니까? 저는 지금 문법 공부를 하지 말자고 하는 게 아닙니다. 문법에만 치중해서 공부하다보면 영어가 오히려 더 힘들어질 수 있다는 이야기를 하려는 것이죠. 영어에 대한 접근 방식 자체가 틀렸는데 다짜고짜 덤벼본들 지칠 뿐입니다. 그래서 영어를 아예 포기하는 사람들도 많이 생깁니다. 그럼 대체 어떻게 해야 하냐고요? 간단합니다. 그들의 사고방식을 아는 것이 먼저입니다.

다들 알고 계시겠지만 요즘의 영어시험은 속도전입니다. 수능도 텝스도 토익도 토플도 모두 마찬가지입니다. 우리말로 매끄럽게 '번역'을 하려고 해서는 시간 내에 문제를 다 풀 수 없습니다. 그렇다고 대충 해석해서도 안 되지요. 지문을 정확히 이해해야 오답을 찾는 실수를 줄일 수 있으니까요.

지문을 빠르게 읽으면서도 그 의미를 놓치지 않기 위해 정말 필요한 것은 '문법'이 아니라 '그들의 방식'을 먼저 제대로 이해하는 것입니다. 그걸 모른 채 그저 열심히 공부만 해서는 절대 영어에 가까이 다가갈 수 없습니다. 영어가 즐겁게 느껴지지 않는 건 말할 나위도 없고요.

영어 잘하는 사람의 비결은 하나입니다. 영어 자체를 즐긴다는 것이죠. 어떻게 영어를 즐길 수 있냐고요? 조금 전 말했듯 우리의 사고방식을 버리고 그들의 사고방식대로 하면 됩니다. 그 단순한 변화만으로도 영어를 충분히 즐기면서 공부할 수 있게 됩니다.

저는 영어가 재미있고 게다가 쉽다는 것을 알고 난 후, 혼자만 알고 있을 수 없어 영어 강의를 시작했습니다. 그리고 더 많은 사람들이 영어를 어렵게 생각하지 않았으면 좋겠다는 바람에서 이렇게 책까지 내게 되었습니다.

공부한다 생각 말고 편안한 마음으로 쭉쭉 읽어나가시기 바랍니다. 영어에 대해 고민해왔던 부분들이 하나씩 해결되는 걸 경험하게 될 겁니다. 영어가 정말 쉽고 경쾌하게 다가올 것입니다. 그러다보면 당연히 시험 점수도 움직일 거라 확신합니다.

거짓말 같다고요? 한번 속는 셈치고 읽어보세요. 그리고 영어가 정말 쉽게 느껴진다면 저한테 한턱 쏘세요!

송남영

차례

영어의 큰 그림 1

영어는 문장의 골격을 간단히 한다 _12

영어의 큰 그림 2

영어는 중요한 말을 먼저 하고 부연설명한다 _28

영어의 큰 그림 1

영어는 문장의 골격을 간단히 한다

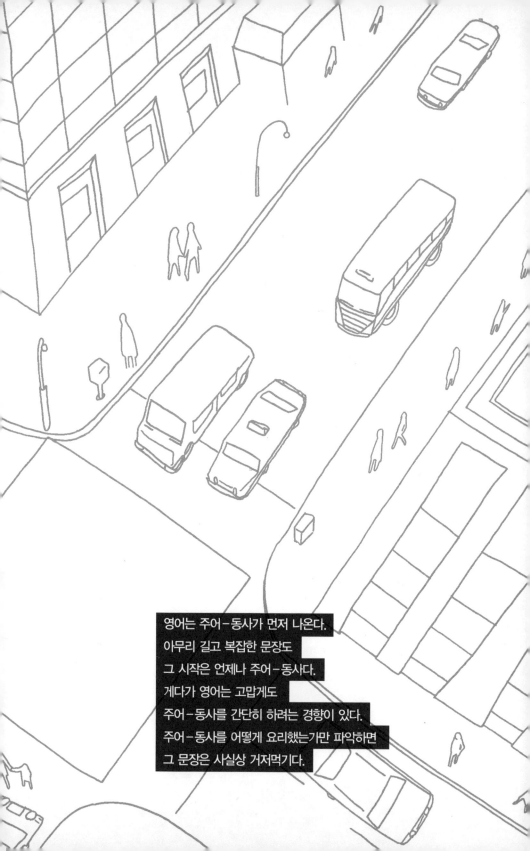

영어는 주어-동사가 먼저 나온다.
아무리 길고 복잡한 문장도
그 시작은 언제나 주어-동사다.
게다가 영어는 고맙게도
주어-동사를 간단히 하려는 경향이 있다.
주어-동사를 어떻게 요리했는가만 파악하면
그 문장은 사실상 거저먹기다.

영어는 짧은 주어를
좋아한다

영어는 주어-동사가 먼저 나온다. 아무리 길고 복잡한 문장이라 할지라 도 그 시작은 대부분 주어다. 게다가 영어는 주어를 짧게 만들려는 경향 이 있다. 무슨 이야기냐고? 우선 예문을 보자.

It is difficult to understand her.

이 문장을 앞에 놓고 우린 다들 이런 생각을 한다.
'**It**은 가주어고, **to understand her**가 진주어군.'
그리고는 가주어 **It**을 보고도 못 본 척한다. 그렇게 하라고 배우기도 했고. 그래서 다음과 같이 해석한다.

그녀를 이해하는 거~~~엇~~~은 어렵다.

여기까지 읽고 고개를 끄덕거리고 있다면, 당신은 영어를 아주 열심히, 그러나 참 힘들게 공부해온 사람이다. 가주어, 진주어를 처음 배울 때 머리깨나 아팠을 거다. 그런데 이렇게 이해하는 게 완전히 우리식이라는 사실을 아는가? 미안한 얘기지만 이럴 땐 너무 열심히 한 게 탈이 된다.

그들은 당신을
기다려주지 않는다

만일 그 문장을 그들(영어가 모국어인 사람들을 말한다. 앞으로 계속 '그들'이라고 표현할 거다.)이 말하고 당신은 들었다고 가정해보자. 당신이 It은 가주어, to understand her는 진주어라고 분석하면서 to understand her를 먼저 해석하고 있을 동안, 그들이 과연 다음 말을 하지 않고 당신을 기다려줄까? 어림없는 소리다.
그들은 곧바로 다음 말로 넘어갈 것이고, 그 순간에도 당신은 학교에서 배운 온갖 문법과 숙어들을 동원해 그들의 말을 꾸역꾸역 우리식으로 해석하고 있을 거다. 그러니 어떻게 그들의 말을 따라가며 이해할 수 있겠는가? 하물며 독해인들 어찌 제 속도를 낼 수 있겠는가?

영어를 처음 접한 경우라면 가주어니 진주어니 하는 문법용어에 머리가 터질 듯한 기분이 들 테고, 그런 용어를 알고 있는 사람 앞에 서면 왠지 기가 팍팍 죽을 것이다. 하지만 내가 분명히 말하건대, 그놈의 가주어와 진주어를 몰라도 영어 하는 데는 아무런 지장이 없다. 아니, 몰라야 훨씬 자유로워질 수 있다.

가주어는 없다,
it을 그것이라고 해석하라

그럼 앞의 예문을 그들은 어떻게 이해할까? 다음을 보자.

It is difficult / to understand / her.

그것은 어렵다

⋮ 그것이 뭐지?

이해하는 것

⋮ 뭘 이해해?

그녀를

가주어니 진주어니 전혀 따지지 않았다. 눈에 보이는 대로, 귀에 들리는 대로 자연스럽게 이해해나갔다. 그런데도 별 무리 없이 이해되지? 지금

까진 It을 해석하면 큰일 나는 줄 알았는데 말이다. 이제부터는 it을 반드시 '그것'이라고 해석하자.

그렇게 읽고 이해하면 될 것을 골치 아픈 문법으로 학생들을 괴롭혀왔으니…. 지금부터 그들이 하는 방식대로 따라하자. 그러면 영어가 아주 쉽고 경쾌해질 것이다.

가주어니 진주어니 하는 말엔 더 이상 신경 쓰지 말자. It을 당당히 '그것'이라고 해석하자. 'It이 이 문장의 가주어, 뒤에 나오는 to understand her가 진주어인데'라는 생각을 버려라. to understand her는 It을 자세하게 설명해주는 말이라고 이해하고 넘어가자.

영어는 빨리 말할 수밖에 없는 언어다

여러분은 CNN을 한번쯤 들어본 적이 있을 것이다. 무슨 말을 하고 있는지는 모르겠지만 그들의 말이 엄청나게 빠르다는 건 알 수 있을 것이다. 난 CNN을 볼 때마다 앵커가 숨 막혀 쓰러질 것 같은 느낌을 받곤 했다. 왜 그들은 그렇게 빨리 말을 할까? 그들의 입엔 모터라도 달렸나?

강의하다가 "왜 그들은 말을 빨리 하지?" 하고 물어보면 대부분의 학생들은 "그들의 모국어이니까요."라고 대답한다. 그럴 듯하다. 하지만 모국어인 우리 한국어를 그렇게 빨리 말하는 사람 있으면 나와봐라.

눈치 빠른 독자는 내가 무슨 말을 하려는지 벌써 알아챘을 것이다. 그렇다. 영어는 언어 구조 자체가 빨리 말할 수밖에 없도록 되어 있다. 무슨 소리냐고?

만일 내가 "그것이 어렵다"라고 말한 후 한참 뜸을 들인다고 해보자. 여러분은 그것이 무엇일까 궁금할 것이다. 성질 급한 사람은 "그것이 뭔데?" 하며 재촉할 것이고, 더 급한 사람은 달려와서 내 뺨을 때릴지도 모른다.

무슨 말이냐면, 주어를 짧게 만들었으니 그 간단한 주어를 설명해주는 내용은 서둘러 말해야 한다는 거다. 다시 말해서 "그것이 어렵다"고 말문을 아주 가볍게 열었으면 그것이 무엇인지는 재빨리 설명해줘야 한다는 거다. 그러니 자연히 말이 빨라질 수밖에.

주어가 길면
뒤로 넘긴다

It is로 시작하는 예문들을 보자. 모두 긴 주어가 부담스러워 뒤로 넘겨버린 경우다.

It has been a great pleasure / showing / you / the sights / of Seoul.

그것은 한 큰 기쁨이었다

⋮ 그것이 뭐지?

보여주는 것

⋮

당신에게

⋮ 뭘 보여줘?

명소들을

⋮

서울의

물론 이 문장을 'Showing you the sights of Seoul has been a great pleasure.'라고 말할 수도 있다. 거의 똑같은 뜻이다. 그렇지만 가주어, 진주어 하는 문법에 너무 매이지 말고 그냥 순서대로 듣고 보고 읽는 게 더 낫다.

It is certain / that he likes / you / very much.

그것은 확실하다

⋮ 그것이 뭐지?

그 사람이 좋아하는 것이

⋮ 누구를?

너를

⋮

매우 많이

'It은 가주어, **that** 이하가 진주어'라고 배웠던 기억이 새록새록 떠오르지 않는가? 하지만 이 시간 이후로는 제발 그런 쓸데없는 문법들은 머릿속에서 지우기 바란다.

간접의문문의 주어도
길면 넘긴다

간접의문문의 형식을 띠고 있고, 길이가 조금 길어 복잡해 보이는 문장들을 보자. 물론 간접의문문이라는 말 몰라도 영어 하는 데는 지장 없으니 긴장하지 말자. 앞에서부터 차근차근 해석해나가면 다 이해할 수 있을 테니까.

He felt / how useless it was / to struggle against fortune.

그는 느꼈다

⋮ 무엇을?

얼마나 쓸모없는지, 그것이

⋮ 그것이 뭐지?

운명에 맞서 싸우는 것

> > > 이럴 땐 how를 '어떻게'가 아닌 '얼마나'라고 해석해야 매끄럽다. how much는 '얼마나 많이', how far는 '얼마나 멀리'라고 하는 것처럼 말이다.

이런 문장을 우린 '간접의문문'이라고 하여 어순이 의문사＋주어＋동사라고 배운 바 있다. 이 책에선 어법에 대해 자세히 설명은 안 하겠지만 간접의문문의 어순이 의문사＋주어＋동사라는 건 알아두면 좋겠다. 다시한 번 말하지만 간접의문문이라는 문법 몰라도 이 문장 이해하는 데는 전혀 지장 없다. 이해되면 그걸로 충분하다.

We didn't realize / how strange it would be / not to hear / any dialog.

우리는 깨닫지 못했다

⋮ 무엇을?

그것이 얼마나 이상한 건지

⋮ 그것이 뭐지?

듣지 않는 것

⋮ 무엇을?

어떤 대화를

The writer tries to find out / what it is like / to be a human being.

작가는 노력해서 찾아내려고 한다

⋮ 무엇?

그것이 무엇과 같은지

⋮ 그것이 뭐지?

인간이라는 것이

＞＞＞ like는 동사로는 '좋아하다'이지만, 여기서처럼 동사로 사용되지 않을 때는
'~처럼'의 의미를 갖는다.

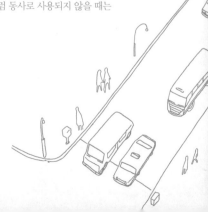

How foolish it is / to say / that they believe / this.

그것이 얼마나 어리석은가

　┊ 그것이 뭐지?

말하는 것

　┊ 무엇을 말해?

그들이 믿는다고 (말하는 것이)

　┊ 무엇을 믿어?

이것을

이 문장은 사실 감탄문이다. 하지만 감탄문이냐 의문문이냐 그런 것 따지지 말고 앞에서부터 처리하자. 그러면 오히려 더 정확하고 경쾌하게 이해할 수 있을 것이다.

목적어가 길어도
넘긴다

이번엔 목적어다. 가주어, 진주어에 대한 개념은 이제 머릿속에서 지웠을 줄 믿는다. 그런데 혹시 가목적어, 진목적어라는 말도 들어본 적이 있는가? 다음 문장을 보자.

I found it easy to study English.

대다수 사람들이 이 문장을 '나는 영어 공부가 쉽다는 것을 발견했다'라고 해석한다. 그리고 여기서 **it**은 가목적어이고 **to study English**가 진목적어라고 배웠다. 그래서 **it**을 해석하지 않는다. 참 우스운 이야기다. 무슨 말이냐고? 예를 들어보자.

당신 친구가 이렇게 말했다고 해보자. "나는 당신을 사랑합니다." 그런데 당신이 이 문장을 이렇게 이해한다면 제정신이 아닐 것이다. "나 신을 당 사랑 니다는 합"

정말 웃기지 않은가? 그들이 이렇게 왔다 갔다 하면서 이해할까? 아니다. 앞에서부터 하나하나 이해하면서 진행할 거다.

이제껏 가주어, 진주어를 잊으라고 강조했던 것처럼 가목적어, 진목적어도 당장 머릿속에서 지우기 바란다. 여기서도 마찬가지다. **it**을 '그것을(이)'이라고 당당히 해석해야 한다. 그래야 영문을 빨리 이해할 수 있다. 다시 문장을 보자.

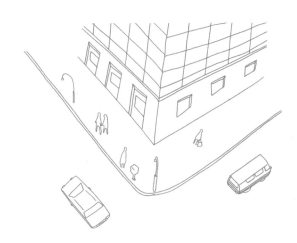

I found / it easy / to study English.

나는 발견했다

⋮ 무엇을?

그것이 쉽다고

⋮ 그것이 뭐지?

영어를 공부하는 것

그럼, 다른 예문을 더 보자.

However, she has / a lot of homework / and now finds / it very hard / to do / everything.

그러나 그녀는 갖고 있다

⋮ 무엇을?

많은 숙제를

⋮

그리고 지금 발견한다

⋮ 무엇을?

그것이 매우 어렵다고

⋮ 그것이 뭐지?

하는 것

⋮ 무엇을?

모든 것(숙제)을

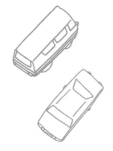

가목적어와 진목적어가 무엇인지 묻지도, 따지지도 않고 문장들을 해석했다. 주어에는 '은, 는, 이, 가'를, 목적어에는 '을, 를, 에게'를 꼭 붙인다는 게 가장 중요하

다. 그러면서 앞에서부터 읽어가면 된다. 그럼 정말 편해지는 것을 느낄 것이다.

너무 길면 쪼개거나
자리를 맞바꾼다

그들은 문장의 골격을 간단히 하기 위해, 주어가 길면 그 주어를 둘로 쪼개고 일부를 뒤로 넘기기도 한다. 다음 예문을 보자.

The time will surely come / when our words will come true.

그 시간은 분명히 올 것이다

⋮ 그 시간이 뭔데?

우리의 말들이 와서 사실이 될 때

> > > come true를 '실현되다'라고 숙어처럼 외운 사람들이 많을 텐데, 그럴 필요 전혀
없다. come true는 '주어가 와서 사실이 되는 것'이다. 이렇게 숙어라고 외우지
않고도 그 뜻을 유추할 수 있다.

원래는 이런 문장이었다. **The time when our words will come true / will surely come.** 그런데 보다시피 주어가 너무 길다. 그래서 쪼갰다. **The time**만 앞에 두고 **when** 이하는 뒤로 넘긴 것이다.

그들은 또 문장의 골격을 간단히 하기 위해 목적어가 길면 목적보어와 자리를 맞바꾸기도 한다. 목적어, 목적보어란 말이 나오니까 갑자기 머리가 아픈가? 계속 강조하지만 그런 말은 중요하지 않다. 다음 예문을 보자.

I made sure / that all the doors were locked.

나는 만들었다, 확실하게
  ⋮ 무엇을? (that 이하를)
모든 그 문들이 잠겼는지를

원래는 이런 문장이었다. I made / that all the doors were locked / sure. 그런데 목적어가 sure에 비해 너무 길어서 sure를 목적어의 앞으로 모셔온 거다. 이런 예들은 너무나도 많지만 여기서는 한 문장만 더보자.

Robert Peel followed / her advice / and succeeded / in getting / a law passed / which / reformed / the prison system.

Robert Peel은 따랐다
  ⋮ 무엇을?
그녀의 충고를
  ⋮
그리고 성공했다
  ⋮
얻는 데
  ⋮

한 법이 통과되는 것을

⋮

그런데 그 법은

⋮

개혁시켰던

⋮ 뭘 개혁해?

감옥 시스템을

원래 문장은 Robert Peel followed her advice and succeeded in getting / a law which reformed the prison system / passed.였을 것이다. 그런데 get의 목적어인 a law which reformed the prison system이 너무 길고 passed가 짧으니까, which reformed the prison system을 찢어 뒤로 보낸 거다.

이렇듯 영어는 성분을 간결하게 처리한다. 상대방에게 전달하고자 하는 핵심 정보를 빨리 알려주기 위해서다. 그리고 나머지 세부사항은 뒤에 가서 설명해준다.

영어의 큰 그림 2

영어는 중요한 말을 먼저 하고 부연설명한다

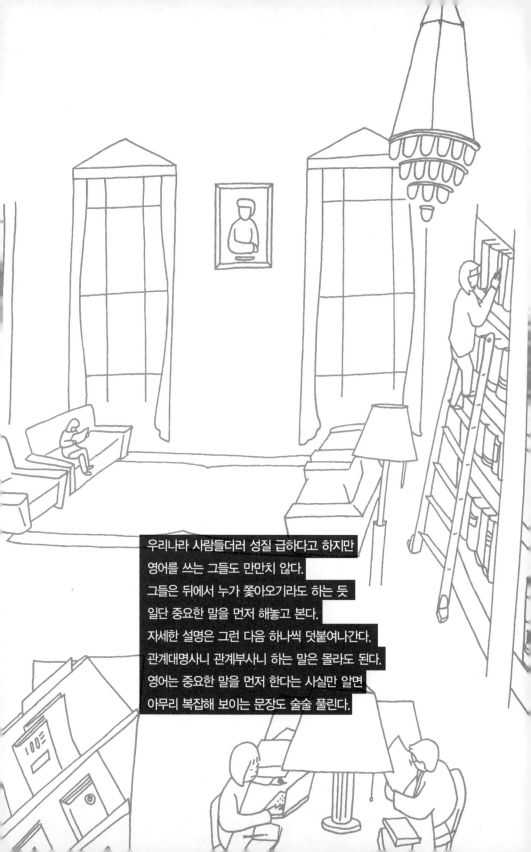

우리나라 사람들더러 성질 급하다고 하지만
영어를 쓰는 그들도 만만치 않다.
그들은 뒤에서 누가 쫓아오기라도 하는 듯
일단 중요한 말을 먼저 해놓고 본다.
자세한 설명은 그런 다음 하나씩 덧붙여나간다.
관계대명사니 관계부사니 하는 말은 몰라도 된다.
영어는 중요한 말을 먼저 한다는 사실만 알면
아무리 복잡해 보이는 문장도 술술 풀린다.

그들은 생각하는 순서도
우리와 다르다

누군가가 다음과 같이 말한다면 우린 그를 어떻게 생각할까?

> "클린턴은 미국 대통령이다, 섹스 스캔들을 일으켰어, 르윈스키와, 그녀는
> 백악관 직원이었어, 그 스캔들은 발칵 뒤집어놨지, 전 세계를, 힐러리뿐만
> 아니라."

아니, 이 사람 완전 맛이 간 거 아냐? 대낮부터 웬 횡설수설이지?
하지만 이렇게 말하는 게 바로 영어의 방식이다. 우린 도저히 들어줄 수
도 없을 만큼 어수선한 문장이지만, 어쩌겠는가? 그들은 대부분 이런 방

식으로 이야기한다.

주의 깊게 관찰해보면, 그들은 중요한 내용을 먼저 말하고 그 뒤에 자세한 설명을 덧붙여나간다는 사실을 발견할 수 있다. 이는 우리말과 비교해보면 더욱 분명하게 드러난다.

아마도 우리라면 클린턴 이야기를 이렇게 말했을 거다.

> "미국 대통령 클린턴과 백악관 직원 르윈스키가 일으킨 섹스 스캔들이 힐러리뿐만 아니라 전 세계를 발칵 뒤집어놨어."

전달하려는 메시지는 동일하다. 그중 핵심을 뽑아보면 다음 두 가지다.

> 첫째, 섹스 스캔들을 일으켰다.
> 둘째, 발칵 뒤집어놨다.

자, 그런데 이 핵심 메시지가 각각 어디에 위치하고 있는가? 그들의 문장과 우리의 문장을 한번 비교해보자. 첫 번째 '섹스 스캔들'도 그렇고 두 번째 '발칵 뒤집어놨다'도 그렇고, 그들의 문장에서 훨씬 앞에 등장한다는 사실을 확인할 수 있다.

단순히 말의 순서만 이렇게 다른 걸까? 아니다. 그들과 우리는 생각하는 방식도 다르다. 그들은 중요한 말을 먼저 생각하고 구체적인 내용을 그다음에 떠올린다. 그리고 그 순서 그대로를 말로 옮기는 것이다.

생각하는 방식부터가 우리와 180도 다른데, 어떻게 우리가 영어를 쉽게 이해할 수 있겠는가? 당연히 한계가 있을 수밖에 없다. 그렇다면 그냥 체념해야 하는가? 그렇지 않다.

영어를 사용할 때만큼은 우리도 그들처럼 생각하면 된다. 그들이 생각하는 순서대로 생각하고, 그들이 말하는 순서대로 듣고, 그들이 써놓은 순서대로 읽으면 된다. 이제부터라도 그들의 방식대로 영어에 접근하자. 영어가 몇 배는 쉽고 편해질 것이다.

관계대명사는 과연
뜻이 없는가?

영어는 중요한 말을 먼저 하고, 그 뒤에 설명을 덧붙인다고 했다. 대체 어떻게 말한다는 것일까? 그 이야기를 본격적으로 하기에 앞서 잠깐 관계대명사 이야기를 해보자.

I want the book which is on the table.

이 문장을 보통은 이렇게 해석한다.

나는 테이블 위에 있는 책을 원한다.

그런데 가만 살펴보자. 중간에 있는 **which**는 아무런 목소리도 내지 않고 있다. 아니, 이렇게 뜻도 없는 말을 그들은 왜 쓰는 걸까?

하지만 우린 이미 배웠다. **which**는 관계대명사라고. 문장과 문장을 연결하면서 양쪽 문장에 같은 말이 있을 땐 하나를 선행사로 두고 다른 하나를 관계대명사로 처리하는 거라고. 그렇게 해서 태어난 **which**는 별 뜻 없는 게 당연한 거라고. *끄덕끄덕.* 그래서 그런가보다 했다.

그리고 '나는 테이블 위에 있는 책을 원한다'라는 문장을 영어로 말할 때 관계대명사 **which**를 중간에 끼워 넣느라 언제나 한참 뜸을 들여야 했다. **the book**이 사물이고, 그게 뒷문장에서 주어 역할을 한다는 것까지 계산해야 비로소 **which**를 고를 수 있었기 때문이다. 몸이 스멀스멀했다.

아니, 이렇게 복잡하게 계산해가며 어떻게 말을 하는 거지? 그들도 그렇게 계산하면서 말하고 글을 읽을까? 아닐 것이다. 아니, 확실히 그렇게 하지 않는다.

정말 관계대명사를 제대로 이해하고 싶다면 다른 방식으로 접근해보자. 관계대명사는 앞의 명사를 부연설명하는데, 관계대명사 다음에는 주어나 목적어가 없는 부족한 문장이 나온다고. **the book**을 **which**로 부연설명하는데, 그 다음에 주어가 없는 문장이 오는 거다. 물론 의문문에서 **which**는 '어떤 것'이라는 의문사로 쓰이지만 여기서는 의문문이 아니다. 이럴 경우에 **which**가 관계대명사라고 그렇게만 알아둬도 전혀 지장 없다.

어쩌면 그 옛날의 나처럼 당신도 관계대명사를 힘겹게 배우고 있을 거다. 아니, 이미 관계대명사 울렁증을 앓고 있을지도 모른다. 그런데 그 복잡해 보이는 관계대명사를 잘 몰라도 독해를 충분히 잘할 수 있다는 사실, 알고 있는가?

부연설명이 필요할 때
관계대명사다

정말 관계대명사를 몰라도 될까? 앞의 예문을 다시 보자. 이번엔 그들의 방식대로 해석해보겠다.

I want the book / which / is on the table.

나는 원한다, 그 책을

⋮

근데 그 책은 (그 책을 부연설명해주고 있다.)

⋮

테이블 위에 있는 (그 책)

> > > 관계대명사는 명사를 부연설명하며, 그 다음 이어지는 문장은 주어가 없든지 목적어가 없든지 뭔가 하나 부족한 문장이 온다.

먼젓번과 달리 앞에서부터 차례대로 해석했다. 그리고 which를 '근데 그 책은'이라고 풀이했다. 어떤가? 관계대명사라는 말을 굳이 동원하지 않고도 충분히 내용을 이해할 수 있지 않은가?

I want the book이라고 말한 다음, 뭔가 부연설명이 필요했다. 그래서 which를 접착제처럼 꾹 찍어 바른 후 곧바로 말을 이어나간 것이다.

which의 선행사가 무엇인지, 그리고 그것이 주격으로 쓰였는지 따위를 분석하는 것은 독해에 아무런 도움이 되지 않는다. 오히려 째깍째깍 시간만 잡아먹을 뿐이다. which를 아예 '근데 ○○은'이라는 이름의 접착제로 기억해두자. 얼마나 쉬운가?

I have a friend / who / lives in Japan.

나는 가지고 있다, 한 친구를
⋮
근데 그 친구는
⋮
일본에 사는 (친구)

이 문장의 who도 마찬가지다. 앞에서 본 the book은 사물이기 때문에 which를 썼고, 여기의 a friend는 사람이기 때문에 who를 썼다. 물건 붙일 때 쓰는 접착제랑 사람 붙일 때 쓰는 접착제랑 그래도 조금은 성분이 달라야 하지 않겠는가? 그냥 그 정도 차이로 이해하자. 절대 거기에 어떤 심오한 법칙이 있는 것은 아니다. 물론 두 경우 모두 that을 써도 무방하다.

I need a house / in which / I'll live.

나는 필요로 한다, 하나의 집을

⋮

근데 그 집 안에서

⋮

내가 살 (집)

접착제 which 앞에 in이 혹처럼 붙어 있다. 왜 그럴까? 생각해봐라. 그 집 '안에서' 살 거라고 표현하려고 in을 쓴 것뿐이다. 혹시 which 앞에 in을 빼 먹었다고 해서 그들이 무슨 말인지 못 알아들을까? 절대 그럴 리 없다. 틀린 표현이라 귀에 거슬리긴 하겠지만 알아 듣지 못할 정도는 아니다. which를 써도 된다는 게 아니라, which와 in which의 차이에 대해 그렇게까지 긴장할 필요가 없다는 말이다. 단지 in 의 의미를 살려서 처리하면 문장을 더 명쾌하게 이해할 수 있을 뿐이다.

관계대명사 앞의 콤마, 그 위력의 실체는?

which가 있든 who가 있든 언제나 앞에서부터 해석해나가면 된다고 했다. 그런데 정말 그래도 되는 건지 좀 불안하다. 관계대명사의 한정적 용법과 계속적 용법을 배운 적이 있는 사람이라면 더욱 그럴 것이다. 다음 예문을 한번 보자.

a He has two sons who are doctors.
b He has two sons, who are doctors.

많이 봤던 문장인가? 일부러 이걸 골랐다. 재밌게도 관계대명사의 용법 이야기를 하는 곳에선 의사 아들이 둘 있는 이 남자가 고정 출연한다.

두 문장은 콤마 하나만 빼고 완전히 똑같다. 그런데 우리는 그 콤마 때문에 의미상 중요한 차이가 발생한다고 배운다. 그러면서 강조하는 게, a처럼 콤마 없이 관계대명사만 있는 문장은 반드시 뒤에서부터 해석해야 하고, b처럼 관계대명사 앞에 콤마가 있는 문장은 앞에서부터 순서대로 해석해야 한다는 거다. 그러지 않으면 자칫 커다란 오해를 불러일으킬 수 있다고 한다.

사실 이 정도면 거의 협박 수준이다. 아무도 거역할 수 없다. 그래서 우린 문장을 해석하다가 도중에 관계대명사를 만나면, 앞에 했던 내용을 싹 지워버리고 뒤에서부터 다시 해석하는 수고로움을 묵묵히 받아들인다. 이 방법밖에 없는 걸까 하고 때로 의문이 들긴 하지만, 그래도 반드시 그렇게 해야 한다고 배웠으니까 그렇게 하는 거다.

이제 그렇게 하지 말자. 내가 하는 대로 따라해봐라.

a **He has two sons who are doctors.**

그는 가지고 있다

⋮

두 아들들을

⋮

(근데 그 두 아들들은) 의사인 (아들들)

b **He has two sons, / who are doctors.**

그는 가지고 있다

⋮

두 아들들을

⋮

(숨쉬고!) (근데 그 두 아들들은) 의사들이다.

이렇게 해석해두고 두 문장의 차이를 다음과 같이 분석한다.

"a 문장에선 의사 아들이 두 명 있다고 했지, 아들이 총 몇 명 있는지를 말하진 않았다. 때문에 그에겐 의사 아들 말고 다른 직업을 가진 아들이 더 있을 수도 있다. 그러나 b 문장에선 그에게 아들이 둘 있고 그 두 명 모두 의사라고 한 것이기 때문에, 아들이 더 있을 가능성은 전혀 존재하지 않는다." 왜 그런 구분이 가능하지? 생각해보자.

콤마의 기능이 무엇인가? 문장이 끝났으니 숨 한 번 쉬라는 뜻이 아닌가?

따라서 b 문장은 그는 자식이 두 아들만 있다는 말이 된다. 그렇지? 그러니까 한정적 용법이니 계속적 용법이니 문법 얘기는 그만 하고 지금 말한 그 정도만 알아두자.

when, where, why, how도
부연설명의 접착제다

관계대명사를 안다면 관계부사라는 말도 들어봤을 거다. 바로 지금 다룰 내용이다.

관계부사엔 when, where, why, how가 있는데 말만 요란했지 사실 별게 아니다. where를 가리키며 그게 관계대명사인지 관계부사인지 그들은 절대 따지지 않는다. 그러니 쓸데없이 문법 용어에 머리 아파하지 말자.

영어는 중요한 말을 먼저 한다고 했다. 그런 다음 자세한 설명을 하나씩 붙여나간다고 했다. 부연설명을 하기 위해 바르는 접착제로 which도 있었고 who도 있었다. 그리고 지금 살펴볼 when, where, why, how도 똑같은 접착제다. 이 사실만 알고 문장을 봐도 이젠 충분히 해석할 수 있을 것이다.

단, 꼭 알아두어야 할 사실 하나가 있다. 관계부사 다음에는 주어-동사를 모두 갖춘 멀쩡한 문장이 나온다는 것이다.

He tried to explain the reason / why / he couldn't go there.

그는 노력했다, 설명하려고, 그 이유를

⋮

근데 어떤 이유냐면

⋮

(왜) 그가 거기에 갈 수 없던 (그 이유를)

이유에 대해 부연설명하고 있다. 그래서 접착제로 **why**를 썼다. 우리가 이런 말을 해야 한다면 당연히 접착제를 고르는 데 잠시 뜸을 들일 수밖에 없다. 하지만 영어 원어민들은 **the reason**이란 말이 나오면 거의 반사적으로 **why**를 갖다 붙일 것이다. 하도 말해서 입에 배었기 때문이다. **why**를 아예 생략하고 **the reason**만 사용할 때도 있다. **the reason**을 생략하고 **why**만 쓰기도 하고.

I need a house / where / I'll live.

나는 필요로 한다, 하나의 집을

⋮

근데 어떤 집이냐면

⋮

(거기서) 내가 살 (집)

집이라는 장소에 대해 부연설명하고 있다. 그래서 접착제로 **where**를 썼다. 여기서도 역시 **a house**만 쓰든지 **where**만 쓸 수도 있다.

I don't know the time / when / he'll arrive.

나는 모른다, 그 시간을

⋮

근데 어떤 시간이냐면

⋮

(언제) 그가 도착할지 (그 시간을)

시간에 대해 부연설명하고 있다. 그래서 접착제로 when을 썼다. the time when 자리에 the time이나 when만 써도 된다.

This is the way / (how) / I solved it.

이것은 방법이다

⋮

근데 어떤 방법이냐면

⋮

(어떻게) 내가 그것을 풀었는지

방법에 대해 부연설명하고 있다. 그런데 다른 경우와는 달리 여기서는 the way how라고 쓰지 않는다. 왜냐고? 나도 모른다. 그들이 그렇게 쓰지 않으니까 우리도 따라할 수밖에. 방법을 표현할 때는 the way that 혹은 the way in which를 사용한다. 구태여 문법으로 따지지 말고 그냥 그렇게 알고 사용하면 된다. 그러니까 문법만 죽어라 공부하는 게 얼마나 부질없는 짓인지 알겠지?

분사 또한
부연설명이다

which, who, where 등의 접착제를 쓰지 않고도 앞 내용에 이어 부연설명을 해줄 수 있는 방법이 있다. 바로 -ing(능동), pp(수동)를 써서 붙여가는 방식이다. 우린 이걸 분사라고 하면서 주격관계대명사와 be동사를 생략할 수 있다고 따져가며 아주 어렵게 배웠다. 하지만 분사를 부연설명으로 이해하면 이것처럼 간단한 것도 없다.

The man / sitting on the bench / is my father.

그 남자
⋮
근데 그 남자는 (그 남자를 -ing로 부연설명한다.)
⋮
벤치에 앉아 있는 (그 남자는)
⋮
나의 아버지다

The man이라고 말을 꺼내긴 했는데, 상대방을 이해시키려면 약간의 설명이 필요하다. 그래서 곧바로 sitting on the bench라고 부연설명을 한 것이다.

그들은 이렇게 뭔가를 먼저 가리킨 다음, 곧바로 몇 마디 설명을 보충할

때가 많다. "그 여자 말야, 내가 지난 번에 소개
팅 했다는 그 여자, 알고 보니 바로 우리 동네
에 사는 거 있지." 바로 이런 감각이다.

He returned home / exhausted and broke.

그는 집에 돌아왔다

⋮

근데 (돌아왔을 때 그의 상태를 설명하고 있다.)

⋮

몹시 지친 데다 땡전 한 푼 없는 상태

> > > exhausted 지친   broke 파산한, 땡전 한 푼 없는

exhausted와 broke를 문법으로 따지자면 추가보어, 준보어라고 하는데
그렇게 어렵게 따질 필요가 없다. 그가 집에 돌아왔는데 대체 어떤 상태
로 돌아왔는지 부연설명하고 있는 말로 이해하면 간단하다.

with는 부연설명을 위한 초간단 접착제

부연설명을 하는 또 다른 방법이 있다. 바로 with를 접착제로 써서 말하

는 방법이다. 정말 많은 문법책들이 'with 분사구문'으로 설명하곤 하는데, 그렇게 어렵게 볼 필요가 전혀 없다. with를 그냥 상황 설명을 하는 말 정도로만 이해하자.

He was sleeping there / with his mouth / open.

그는 자고 있었다, 거기에서
⋮
그의 입을 가지고
　⋮ 어떤 상태로?
열린 상태(를 가지고) (= 입을 벌린 채로)

He was walking / with his hands in his pockets.

그는 걷고 있었다
⋮
그의 손을 가지고
　⋮ 어디에 있어?
호주머니 안에 (있는 것을 가지고) (= 호주머니에 손을 넣은 채로)

He was sitting on the bench / with his eyes closed.

그는 앉아 있었다, 벤치 위에

⋮

그의 눈들을 가지고

⋮ 어떤 상태로?

감겨진 상태(를 가지고) (= 눈을 감은 채로)

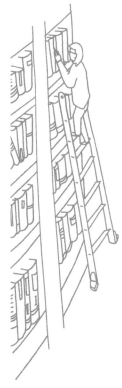

긴 문장이라봐야 부연설명이 많은 것일 뿐

부연설명과 관련해 이것저것 많이 배웠다. 그럼 이제 길고 복잡한 문장에 한번 도전해보자. 문장이 길다고 겁먹을 필요 전혀 없다. 대부분 부연설명을 하느라 길어지는 것일 뿐이니까. 어떤 문장이 나오더라도 앞에서부터 차근차근 해석해가면 된다.

There was / a tragicomical piece of news / that / a very fat neighbor, / whose sole wish was / to lose weight, / dieted herself / to death.

거기에는 있었다
⋮
비희극적인 조각의 뉴스가
⋮
근데 어떤 뉴스냐면 (that으로 부연설명한다.)
⋮
한 매우 뚱뚱한 이웃이
⋮
근데 그 사람의 유일한 소망은
⋮
체중을 잃는(줄이는) 것이었는데
⋮
(그 매우 뚱뚱한 이웃이) 다이어트를 했다
⋮
그래서 죽음에 이르렀다

> > > 우린 there is/are를 유도부사구문이라며 절대 해석하지 말라고 배웠다. 하지만 그렇지 않다. 앞장에서 가주어 it을 '그것'이라고 해석했듯 there도 '거기에'라고 해석하자. 그래야 우리가 영어로 말을 하거나 글을 쓸 때도 그렇게 쓸 수 있다. 그리고 there가 나올 때마다 해석할지 말지를 고민하는 게 오히려 시간을 더 많이 잡아먹는다.

이 문장을 문법을 가지고 설명하자면, 등장시켜야 할 문법이 너무나 많다. there was라는 유도부사, 동격 접속사 that, 소유격 관계대명사 whose, 그리고 to부정사의 명사적 용법인 to lose weight 등. 하나하나

따지기 시작하면 한 시간은 족히 걸릴 테니 절대 하지 말자.

부연설명하는 문장 하나만 더 보자.

According to Mark, / president of Alertness Solutions, / a company / that offers / stay-awake strategies / to businesses, / you can substantially decrease / that downturn / by drinking / coffee.

Mark에 따르면

   그 사람이 누구?

Alertness Solutions의 사장인 (Mark를 설명해주는 말로서
우리는 동격이라고 배운다.)

한 회사의 (어떤 회사인지 that 이하가 부연설명해준다.)

제공해주는

   무엇을?

잠에서 깨어 있는 전략들을

   누구에게?

사업체들에게

너는 충분히 줄일 수 있다

   무엇을 줄여?

그 비활동성을

마시는 것에 의해서

커피를

긴 문장이지만 앞에서부터 처리하니까 깔끔하게 해석되지? 이제부터는 그 어떤 복잡한 문장이 나와도 당황하지 말고 반드시 순서대로 해석해라. 그들이 생각하는 방식대로 영어를 이해하려고 노력하다보면 당신도 언젠가 영어를 할 때만큼은 그들처럼 생각하게 될 것이다.

영어는 시간의 흐름대로 기술한다

영어는 먼저 일어난 일을 먼저 말한다.
특히 여러 동작을 표시할 때 흐름대로 쓰려고 한다.
때문에 전후사정을 파악하겠다고
앞뒤로 왔다 갔다 할 필요가 전혀 없다.
그들이 써놓은 대로 읽기만 해라.
순서대로 읽으면 보다 쉽고 정확하게 이해할 수 있다.

to부정사의
부사적 용법이라고?

우리는 영어 문장을 읽을 때 어떤 때는 앞에서부터 해석하고, 어떤 때는
뒤에서부터 해석한다. 특히 to부정사 같은 게 문장 중간에 툭 튀어나오기
라도 하면, 문장을 앞뒤로 오가며 우리말에 끼워 맞춰 해석하느라 많은
시간을 허비하곤 한다. to부정사의 용법까지 일일이 따져가면서 말이다.
하지만 절대 그럴 필요 없다.

He called me up this morning to say that they
couldn't join us.

이 문장을 '그는 우리와 함께할 수 없다고 말하기 위해 오늘 아침 내게 전화를 했다'라고 해석한다면, 당신은 영어를 정말 열심히 공부한 사람이다. 그러나 그렇게 해석하는 건 정말 한국식 영어다.

문장을 한 번 죽 읽고 난 다음, 우리말로 옮기기 위해 또 다시 뒤에서부터 이 문장을 거듭 읽었을 걸 생각하니 마음이 답답하다. 왜냐고? 나도 오랜 세월 그 고생을 해왔으니까.

앞에서도 말했지만, 우리가 이렇게 문장 앞뒤로 왔다 갔다 헤매는 동안 말 빠른 그들이 과연 다음 말을 하지 않고 기다려줄까? 절대 그럴 리 없다. 그러니 그들이 말하는 족족 그들의 말하는 방식과 속도에 맞춰 의미를 파악하며 따라가야 한다.

그렇게 그들이 말하는 방식을 조금이나마 이해하고 그들의 방식을 따르다보면, 우리가 생각하던 것만큼 영어가 그렇게 어렵지는 않다는 생각이 들 것이다.

그들이 말하는 방식을 나는 이 책에서 총 8가지로 정리해서 설명하고 있다. 그런데 여기서 살펴볼 '영어는 시간의 흐름대로 기술한다'는 것은 그 중에서도 정말 중요한 특징이라고 말하고 싶다.

자, 예문을 다시 보자. 이 문장의 주어인 He는 두 가지 행동을 했다. 첫째, 전화를 걸었다(called up). 둘째, 말을 했다(to say). 그런데 그 두 가지 행동 중 무엇을 먼저 했지? 맞다. 전화를 건 게 먼저다. 다시 말하자면 이 문장의 핵심은 전화해서 말했다는 것이다. 그럼, 문장을 제대로 처리해 보자.

He called me up this morning / to say that / they couldn't join us.

그가 내게 전화했다, 오늘 아침

⋮

그리고 that 이하를 말했다

⋮ that 이하가 뭐지?

그들이 함께할 수 없다고, 우리와

"걔가 오늘 아침 나한테 전화해서는 같이 못 가겠다고 말하던데" 바로 이런 어감이다. 얼마나 깔끔한가? 순서대로 차근차근 전달하는 거라서 말하는 사람도 쉽고 듣는 사람도 쉽다. 요리책이나 제품사용설명서를 읽을 때처럼 동작의 순서가 머릿속에 일목요연하게 그려진다.

사실 우린 이 문장을 '목적을 나타내는 to부정사의 부사적 용법'이라고 하면서 엄청 힘들게 배웠을 것이다. 그런 용어에 너무 신경 쓰지 않았으면 좋겠다. 나중에 문법학자가 될 게 아니라면.

to부정사의 뜻은 하나로 고정돼 있지 않다

앞에서 나는 그런 당부를 했다. to부정사가 나오면 여러 가지 용법들이 떠오를 텐데, 그런 건 그렇게 중요하지 않으니 너무 신경 쓰지 말라고. 하지만 여전히 미련을 갖고 있는 사람들이 분명 있을 것이다. 너무 걱정 마라. 조금 더 읽어보면 무슨 말인지 알 테니. 다음 문장을 보자.

He awoke one morning to find himself famous.

우선, 바로 앞에서 말했던 시간의 흐름대로 생각하면서 해석해보자. '그는 깨어났다, 어느 날 아침. 그 자신이 유명해진 것을 발견하려고(?)' 뭔가 좀 어색하다. 그럼 어떻게 해야 할까?

He awoke one morning / to find / himself famous.

그는 깨어났다, 어느 날 아침
⋮
(그리고는) 발견했다
⋮ 무엇을?
그 자신이 유명해진 것을

이렇게 이해하니 한결 자연스럽다. 처음 우리가 봤던 '전화해서 말했다'와 같은 흐름이다. 일어나서 발견한 것이다. 처음 것은 목적을 표시하고 이번 것은 결과를 표시한다고 마르고 닳도록 배웠던 문장들이다. 그렇지만 '목적이네', 혹은 '결과 표시구나' 하고 구분할 수 있는 힘은 앞뒤를 생각하면 자연스럽게 나오는 것이지, 용법을 아는 것으로부터 나오는 것은 절대 아니다.

또 말하지만 문법을 많이 한 사람은 '그래도 문법이 중요하고 그것 모르면 영어가 안 될 텐데' 하고 염려할 수도 있다. 그러나 걱정하지 마라. 이렇게 애매한 **to**부정사 문장을 만나게 되더라도 우리들 언어 상식에 준해서 적당히 이해하게끔 되어 있다. 조금 전 말했듯이 전후 상황을 보면 충분히 이해할 수 있다는 말이다. 순서대로 읽다보면 문법을 따지지 않고도 영문을 쉽게 처리할 수 있을 것이다.

to부정사의 정확한 뜻은 문맥에 맡겨라

He worked hard / not to fail.

그는 일했다, 열심히
⋮
실패하지 않으려고

아, 쉽다. 그럼 다음 문장을 보자.

He worked hard / only to fail again.

그는 일했다, 열심히

⋮

오직 다시 실패하려고 (?)

말도 안 된다. 바로 앞에 있는 문장이랑 거의 똑같아 보이는데, 왜 그럴까? 그럼, 다시 해보자.

He worked hard / only to fail again.

그는 일했다, 열심히

⋮

(그런데) 어떡하지, 단지 다시 실패했네 (=실패했을 뿐이다)

이 문장이야말로 정말 순서대로 쓴 표현이다. 열심히 했는데, 안쓰럽지만 단지 실패했다. 또 다음을 보자.

She left home / never to return again.

그녀는 떠났다, 집을

⋮

절대 돌아오지 않으려고, 다시는 (?)

집에 앙심을 품지 않고서는 조금 이상한 것 같다. 그렇지? 어떻게 이해해야 할까? 다시 해보자.

She left home / never to return again.

그녀는 떠났다, 집을

⋮

(그리고) 결코 돌아오지 않았다, 다시는

이렇게 앞에서부터 순서대로 처리하니 한결 자연스럽다. 지금까지 설명하면서 문법용어를 전혀 사용하지 않았다. 그런데 오히려 더 쉽고 분명하게 이해되었을 거라고 자신한다. 물론 문장이 짧아서 그럴 수도 있다. 그럼 '순서대로'를 기억하면서 조금 더 나가보자.

자기 전에 라면 먹은 거나 라면 먹고 잔 거나

A before B 형태를 갖춘 문구가 나오면, 늘 'B 하기 전에 A'라고 해석했을 것이다. 그런데 **before**에 접근하는 조금 색다른 방법을 알려주겠다. 아래 문장을 보자.

We've wrangled for three hours before voting to accept it.

대부분의 사람들은 다음과 같이 해석할 것이다.

우리는 그것을 받아들이기 위한 투표를 하기 전에 3시간 동안 논쟁을 해
왔다.

정말 잘 해석한 것이다. 우리 생각으로는. 그러나 조금 다르게 그들의 방
식대로 생각해보면 좋겠다.

이 문장에는 3개의 동작이 있다. 그들은 제일 먼저 논쟁을 했고 그 다음엔
투표를 했고 그리고 받아들였다. 위의 영어 문장에선 〈wrangle → vote
→ accept〉 순으로 전개된다. 그러나 우리말 해석을 보면 정반대로
〈accept(받아들이다) → vote(투표하다) → wrangle(논쟁하다)〉의 순으로 전
개되고 있는 것을 볼 수 있다.

실제 일어난 순서는 어떻게 정리해볼 수 있을까?

논쟁을 했다(wrangle) → 투표를 했다(vote) → 받아들였다(accept)

이런 흐름이 한눈에 들어오면 이 문장은 그것으로 처리 끝이다. 시간의
흐름대로 내용을 전개한다는 사실을 알고 읽으면 영문이 보다 더 경쾌하
게 느껴질 것이다. 하지만 우리 사고방식에 억지로 끼워 맞추
다보면 영어는 이해하기 힘든 괴물로 다가올 것이
다. 다시 말하는데 그렇게 접근하지 말자.

하나 더! 조금 전 before에 접근하는 색
다른 방법을 알려주겠다고 했다.

이것을 알고 나면 이 문장이 제

대로 처리될 것이다.

우리 이걸 한번 생각해보자. '자기 전에 라면을 먹었다'는 말이랑 '라면을 먹고 나서 잤다'는 말이랑 의미가 같은가, 다른가? 잠시 좀 혼동되겠지만 둘 다 같은 의미다.

그럼 '투표를 하기 전에 논쟁을 했다'는 말은 결국 '논쟁을 하고 나서 투표를 했다'는 말이랑 같은 뜻이 될 거다, 그렇지?

before를 그런 방식으로 처리하면 자연스러울 때가 종종 등장한다. 늘 그런 건 아니지만 before가 긴 문장 사이에 있을 땐 이런 식으로 이해해야 더 편하고 경쾌하게 해석될 때가 있다. 영문을 그들의 방식으로 읽다보면 '~하기 전에'와 '그리고 ~했다'를 아주 자연스럽게 구분할 수 있게 된다. 그럼 앞의 문장을 이 요령에 맞춰 다시 해석해보자.

We've wrangled / for three hours / before voting / to accept it.

우리는 논쟁을 했다
⋮
3시간 동안
⋮
그리고 나서 투표를 했다
⋮
(그리고) 받아들였다, 그것을

before가 쓰인 예문을 두 개 더 살펴보자. 물론 이런 식의 예를 들자면 한이 없을 것이다.

**I saw him hesitate / for only a moment /
before taking a deep breath / and saying, /
"Yes, I'll do it ."**

나는 보았다, 그가 망설이는 것을

⋮

오직 잠시 동안

⋮

그리고 깊은 한숨을 쉬었다

⋮

그리고 말했다

⋮

예, 내가 할게요, 그것을

순서대로 이해하자. 그러면 영문이 훨씬 쉽게 다가온다. 물론 이것을 '깊은 숨을 쉬고 말하기 전에'라고 이해해도 무방하다. 우리식으로는 정말 좋은 이해 방법이다. 어디까지나 우리식으로는.

**I had not gone a mile / before / it began to
rain.**

나는 1마일을 못 갔었다

⋮

그런데 1마일도 못 간 후에

⋮

비가 내리기 시작했다

위 문장 정도는 이제 누워서 떡먹기다. "글쎄, 난 1마일도 못 갔는데, 그런데 그때 비가 오기 시작하는 거야, 맙소사!" 물론 '비가 오기 전에 난 1마일도 못 갔었어'라고 이해해도 무방하다. 하지만 그건 어디까지나 우리식이다.

until도 때로는 앞에서부터 해석해라

우리가 잘 알고 있는 until도 '~할 때까지'라고 이해하는 것보다 다음 동작을 연결해주는 and at last의 의미로 이해해야 좋을 때가 종종 있다. 문장을 보자.

> **His skeleton was kept / by the hospital / in the hope of discovering / what caused / his head to ballon / until his skull was wider / than his waist.**

그의 두개골이 지켜지고 있었다

⋮

그 병원에 의해서

⋮

발견하고 싶은 희망 속에서

⋮

무엇이 유발했는지를

⋮

그의 머리가 풍선처럼 커지게

⋮

그의 두개골이 더 넓어질 때까지(?)

⋮

그의 허리보다

조금 어수선하다. 밑줄 그은 부분을 다시 이해해보자.

what caused / his head to ballon / until his skull was wider / than his waist.

무엇이 유발했는지를

⋮

그의 머리가 풍선처럼 부풀어

⋮

마침내 그의 두개골이 더 넓어지게

⋮

그의 허리보다

이렇듯 until도 앞에서부터 이해해야 될 때가 있다. until이 늘 그렇다는 것은 아니다. 이 또한 그들의 방식대로 자주 접하다보면 자연스럽게 처리할 수 있게 된다.

굽이굽이 긴 문장도
시간 순서대로

자, 그럼 조금 긴 문장을 한번 처리해보자. 어수선할 수 있는 문장이지만 차곡차곡 앞에서부터 처리하면 될 것이다. 하고 나면 '아, 그렇구나' 하고 공감할 거라고 생각한다. 눈으로 한번 읽어본 후 차근차근 해석해보자.

> Americans and Europeans have a bit different eating ways. Americans grasp the fork in the left hand while cutting food with the knife in the right hand, but then switch the fork to the right hand to eat. Europeans, however, cut food as Americans do, but carry it to the mouth with the fork still in the left hand.

Americans and Europeans have / a bit different eating ways.

미국인들과 유럽인들은 가지고 있다

⋮ 무엇을?

약간의 다른 먹는 방법들을

Americans grasp the fork / in the left hand / while cutting food / with the knife / in the right hand,

미국인들은 잡는다, 포크를

⋮

왼손에

⋮

그러면서 음식을 자른다

⋮

나이프를 갖고서

⋮

오른손에

while cutting을 '자르는 동안'이라고 해석해도 무방하다. 그렇지만 여기서처럼 '그러면서 자른다'로 이해해도 전혀 무리가 없다. 아니, '자르는 동안'이라고 굳이 해석할 필요 없다는 말이다.

but then switch the fork / to the right hand / to eat.

그러나 그러고 나서 바꾼다, 포크를

⋮

오른손으로 (to는 도달을 표시한다.)

⋮

(그리고) 먹는다

여기까지 이해되는가? 시간의 흐름으로 이해하자는 말이다. 정리해보면 이렇다. 미국인들은 왼손에 포크를 오른손에 나이프를 들고 음식을 자르고, 다 자른 후엔 포크를 오른손에 옮겨 쥐고 먹는다는 뜻이다. 오히려 더 정확하게 전달되지?

Europeans, however, cut food / as Americans do, / but carry it / to the mouth / with the fork / still in the left hand.

유럽인들은, 그러나 자른다, 음식을

⋮

미국인들이 하는(자르는) 것처럼

⋮

그러나 옮긴다, 그것(음식)을

⋮

입으로

⋮

포크를 가지고

⋮

여전히 왼손에

유럽인들은 음식 자를 땐 미국인들처럼 한다. 즉, 왼손에 포크를 오른손에 나이프를 들고 음식을 자른다. 그러나 음식을 입에 넣을 때도 여전히 왼손에 포크를 쥐고서 한다. 미국인들은 포크를 오른손으로 옮겨 쥐는데 유럽인들은 그렇게 옮기지 않는다는 뜻이다. 사실 이런 정리는 굳이 필요 없을지도 모르겠다. 다들 이미 정리가 잘 되었을 테니까.

영어의 큰 그림 4

영어는 무생물에 생명력을 부여한다

거듭 강조하지만 영어는 우리말이 아니다.
돌이 나로 하여금 길을 돌아가게 했다?
돌이 무슨 요술을 부렸겠냐마는
그들이 눈 하나 깜짝하지 않고 그런 말을 한다면
우리도 그러려니 하고 그 말을 받아들일 필요가 있다.
자꾸 그들의 말을 우리말에 끼워 맞추려 하지 마라.

그들에겐 무생물 주어가
어색하지 않다

우리말에선 아주 특별한 경우가 아니고서는 사람을 주어로 사용한다. 의지를 갖고 이런 저런 행위를 하는 건 대체로 사람이기 때문이다. 그런데 누군가가 이렇게 말한다고 생각해보자.

"1990년대는 보았다, 경제가 도약하는 것을."

"5분간의 걸음이 데려왔다, 나를 역으로."

"이 건물은 가지고 있지 않다, 4층을."

"배고픔이 나로 하여금 달리기를 못하게 했다."

정말 이상하게 들리지 않는가? 우리말로 이렇게 이야기하면 아마도 약간 맛이 간 사람 취급을 받을 것이다. 그러나 영어를 쓰는 그들은 이런 표현을 아무 거리낌 없이 자주 사용한다. 그들은 왜 이렇게 말하는 걸까?

글쎄, 그 이유가 나도 참 궁금하긴 하다. 흔히 서양문명을 물질문명이라고 하고 동양문명을 정신문명이라고 하는데, 그런 게 언어에도 반영된 것이 아닐까 하는 추측도 해본다.

원어민에게 물어보면 물주구문이 좀 더 '격식을 갖춘(formal)' 표현이고 그래서 좀 더 '품위 있다(elegant)'고 말한다. 하지만 정확히 무엇 때문에 그렇게 표현하는지 쉽게 단정할 순 없는 노릇이다. 우리말이 아니니까. 하지만 그들이 그렇게 표현하는 것을 구태여 우리식으로 바꾸어 이해할 필요가 없다는 것은 분명하게 말하고 싶다.

무생물 주어를
그대로 받아들여라

무생물을 주어로 한 문장들이 우리말의 방식으로 이해하기 어려운 것들이다 보니, 문법책에선 그들을 '물주구문'이라 이름 붙이고 뭔가 아주 특별한 문법인 것처럼 다루곤 한다. 예를 들면 이런 식이다.

Poverty prevented me from buying it.

이 문장을 눈에 보이는 그대로 해석하면 이렇게 된다.

가난이 방해했다, 나를, 사는 것으로부터, 그것을

그런데 가난이 무슨 사람이라도 되는 것처럼 말한다는 것이 우리에겐 찜찜하고 불편하다. 그래서 많은 문법책들이 이 문장을 다음과 같이 해석하라고 가르친다.

가난 때문에 나는 그것을 사지 못했다.

'주어는 부사구, 목적어는 주어'로 해석하라고 정리해주기까지 한다. 그리고 심지어는 다음과 같이 문장을 전환하라고 가르친다.

Poverty prevented me from buying it.
= Because of poverty, I couldn't buy it.

좀 과격한 주문이 되겠지만, 이렇게 설명하는 문법책을 들고 있다면 당장 던져버려라. 앞서 다른 장에서도 계속 강조했지만, 영어를 제발 우리말에 억지로 끼워 맞추려 하지 마라. 그들의 사고방식으로 이해하려고 해야지 우리식으로 이해하려고 들면 영어는 더욱 어려워질 뿐이다.
멀쩡한 영어 문장을 자꾸 우리식으로 바꾸는 연습을 하다보면 영어가 더 싫어질 수밖에 없다. 내가 지금 무슨 말을 하는지 알겠지?
머릿속에서 '주어를 부사구, 목적어를 주어'로 바꿔 생각하는 것 자체가 우리식으로 영어를 이해하고 있다는 말이다. 그들은 누군가가 이런 말을 할 때, 혹은 이런 식의 문장을 읽을 때 절대 그런 과정을 거치지 않는다. '가난이 방해했다'고 말하면 그저 똑같이 '가난이 방해했구나'라고 받아들인다.

물론 그런 표현들이 우리에겐 낯설고 어색한 게 사실이지만, 그들의 방식대로 이해하는 노력을 기울이다 보면 금세 익숙해질 수 있다. 주어는 주어로, 목적어는 목적어로 이해하자. 그게 영어 문장을 더 자유롭게 읽을 수 있게 되는 지름길이다.

무생물을 주어로 쓰면
문장이 간결해진다

왜 무생물 주어를 쓰는지는 앞에서 간단히 말했다. 그리고 의미는 같지만 무생물 주어를 썼을 경우 조금은 더 격식 있고(formal) 품위 있다(elegant)고 했다. 물론 '이러이러한 경우에는 꼭 무생물을 주어로 쓴다'는 법칙이 있진 않다.

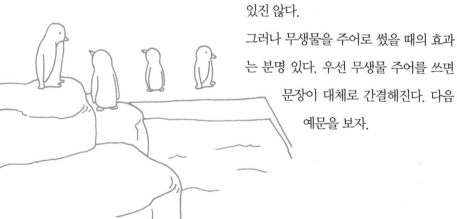

그러나 무생물을 주어로 썼을 때의 효과는 분명 있다. 우선 무생물 주어를 쓰면 문장이 대체로 간결해진다. 다음 예문을 보자.

This medicine will make / you / feel better.

이 약은 만들 것이다

⋮ 무엇을?

당신을

⋮ 어떻게?

느끼게, 더 좋게

이것과 똑같은 의미인데 이렇게도 말할 수 있었을 거다. '당신이 이 약을 먹으면, 당신은 더 좋게 느끼게 될 거야(If you take this medicine, you'll feel better).' 하지만 위에 있는 무생물 주어 문장보다 확실히 길고 복잡해졌음을 알 수 있다.

5 minutes' walk / brought me / to the station.

5분의 걸음이

⋮

데려왔다, 나를

⋮

역으로

'5분 동안 걷고 난 후에 나는 역에 도착했다'라고 말하는 경우와 비교해 봐라. 무생물을 주어로 썼을 때가 역시 간결하다. 그런데 그렇게 문장 전환하는 걸 열심히 하면 영어가 더 쉬워지던가? 절대 그렇지 않다.

Hard work / will no doubt bring / you / success.

열심히 일하는 것은

⋮

의심 없이 가져다줄 것이다

⋮

당신에게

⋮

성공을

'만일 당신이 열심히 일한다면 의심 없이 성공할 거야'라고 말할 때보다 훨씬 심플하다.

무생물 주어는
그 문장의 키워드다

무생물을 주어로 쓴 문장에서 또 한 가지 공통적으로 발견되는 효과는, 비록 같은 의미의 문장들이지만 문장의 핵심내용이 좀 더 빨리 전달된다는 것이다. 역시 예문을 보면서 말하자. 우리에게 익숙한 문장부터 살펴볼까?

They could not go / on a picnic, / because / it rained.

그들은 갈 수 없었다

⋮

소풍을

⋮

왜냐하면

⋮

비가 와서

이 문장은 사람을 주어로 한 평범한 문장이다. 그러나 다음 이어지는 세 문장은 모두 무생물 rain 을 주어로 내세운 표현들이다.

Rain prevented / them / from going on a picnic.

비가 방해했다

⋮

그들을(이)

⋮

소풍 가는 것으로부터

Rain forced / them to give up / their picnic.

비가 강요했다

⋮

그들이 포기하도록

⋮

그들의 소풍을

Rain was to blame / for the cancellation / of their picnic.

비가 비난 받아야 했다

⋮

취소한 것에 대해

⋮

그들의 소풍을 (취소한 것)

모두 비가 와서 소풍을 못 갔다는 내용이다. 조금씩 표현은 다르지만 이 문장들이 전달하고자 하는 내용의 핵심은 소풍을 못 간 게 '비 때문'이라는 거다. 그런데 그 '비'를 이렇게 맨 앞에 주어로 취하고 있으니 이 얼마나 의미 전달이 분명한가.

기억하고 있을 거라 믿는다. 우린 앞서 2장에서 '영어는 중요한 말을 먼저 한다'고 배웠다. 어쩌면 무생물을 이렇게 주어로 내세우는 것도 '영어는 중요한 말을 먼저 한다'는 특성을 나타내는 예 가운데 하나일 수 있다. 또 다른 문장을 보자.

She won / the election / because / she was an eloquent speaker.

그녀는 이겼다

⋮

그 선거를

⋮

왜냐하면

⋮

그녀는 말 잘하는 연설가였기 때문에

똑같은 의미인데 다음과 같이 표현하기도 한다.

Eloquence speeches / brought / her victory / in the election.

유창한 연설이

⋮

가지고 왔다

⋮

그녀에게

⋮ 무엇을?

승리를

⋮

그 선거에서

그녀가 선거에서 승리했다는 사실도 물론 중요하지만, 그렇게 승리하게 된 원인이 무엇이냐를 말하는 데 위 문장들의 초점이 맞춰져 있다. 그녀가 당선된 게 무엇 때문인가? 그녀의 유창한 연설 때문이다. 그러니 그걸 주어로 맨 앞에 내세운 아래쪽 문장이 핵심을 전달하는 데 얼마나 더 효과적인가.

무생물 주어는
독특한 맛이 있다

영어는 우리의 통상적인 생각을 넘어서는 표현들을 아주 자연스럽게 구사한다. 그런 식의 문장들을 예로 들자면 조금 과장해 트럭 몇 대 분량은 될 거다.

하지만 그런 문장들을 우리식으로 전환하면서 공부하면 이해도 잘 안 될 뿐더러, 그 영문이 가지고 있는 독특한 특성을 제대로 느낄 수 없게 된다. '운명은 그들을 갈라놓았다'라는 말과 '운명 때문에 그들은 갈라졌다'라는 말의 차이를 생각해봐라. 그 맛이 얼마나 다른가?

같은 의미이지만 이런 미묘한 차이까지 느껴가며 영어 문장을 읽다보면 영어가 훨씬 더 재미있어진다. 그러기 위해선 반드시 그들의 방식을 인정하고 그들의 방식대로 접근해야 한다. 그럼, 다음 문장을 보자.

　Heated discussions could not help us reach any conclusion.

b　Heated discussions failed to find any conclusion.

대강 무슨 내용의 말인지 알겠는가? '열띤 토론을 했는데 결론은 없었어' 정도만 떠올렸어도 훌륭하다. 그럼 a와 b를 각각 제대로 해석해보자.

Heated discussions / could not help us / reach / any conclusion.

열띤 토론들이

⋮

우리를 도울 수 없었다

⋮

도달하는 것을

⋮ 어디에?

어떤 결론에

Heated discussions failed / to find / any conclusion.

열띤 토론들이 실패했다

⋮

찾는 것을

⋮ 무엇을?

어떤 결론을

다시 한 번 강조한다. 영어를 잘하기 위해선 그들이 생각하는 방식대로 생각하는 게 가장 빠르다. 그들이 무생물을 사람처럼 여기면 우리도 똑같이 그렇게 하자. 그들이 4차원으로 생각하면 우리도 까짓것 4차원으로 생각하면 되는 거다.

영어는 동어반복을 싫어한다

새로 산 옷을 입고 길을 나섰는데,
똑같은 옷을 입은 사람이 눈앞에 나타났다.
이처럼 김빠지는 일이 또 있을까?
영어도 마찬가지다.
영어는 동어반복을 끔찍하게 싫어한다.
똑같은 말을 다시 쓰지 않기 위해
어떻게든 다른 표현으로 바꿔 말하고,
중복되는 부분은 아예 생략해버릴 때도 많다.

반복이 싫어서
다양하게 변주한다

영어는 한 번 사용한 표현을 다시 쓰지 않으려는 경향이 있다. 무슨 말인가 싶겠지만 이미 당신도 다 알고 있는 내용이다. 그들은 똑같은 말을 다시 쓰지 않기 위해 앞의 명사는 대명사로, 앞의 동사는 대동사로 받는다. 그리고 겹치는 부분을 과감히 생략하기도 한다.

그뿐만이 아니다. 그들은 단어 하나도 웬만해선 재사용하지 않는다. 예컨대 '이용하다'라는 말을 생각해보자. 우리말에서 '이용하다'란 걸 다르게 표현하고자 할 때 떠올릴 수 있는 단어는 고작 '사용하다' '활용하다' 정도다. 이에 반해 그들은 '이용하다'를 use, make use of, utilize, put ~ to use, turn ~ to account, avail oneself of, take advantage of 등 아주 다양한 말을 두고 쓴다.

하지만 외우지 마라. 혹은 단어가 어렵다고 불평하지 마라. 그들이 이렇게 다양한 표현을 사용해 말하는 건 절대 한국 사람들 머리에 쥐나게 하려고 그러는 것이 아니다. 오히려 그들의 이런 특성을 이해하고 있으면 독해가 훨씬 만만해진다.

무슨 말이냐고? 위에 말한 '이용하다'에 대한 영어 표현들을 다시 보자. use, make use of, utilize 등에 아주 커다란 의미 차이가 있어서 이렇게 많은 표현이 존재하는 건 아니다. 그들이 똑같은 말을 다시 쓰는 걸 워낙 싫어하기 때문에 처음엔 use라고 말했는데, 그 다음엔 굳이 make use of로 바꿔 말하고, 또 한 번 그런 뜻을 전해야 할 땐 utilize를 쓰는 식이다.

때문에 독해를 하다가 혹시 utilize라는 단어를 모르더라도 읽는 데 별 지장이 없는 경우가 많다. 단순히 반복하는 게 싫어서 이렇게 저렇게 바꿔 쓴 말들이기 때문에, 전후 문맥을 보면 그 차이에 세심한 주의를 기울이지 않아도 얼마든지 의미 파악이 가능하다.

대답 하나도
똑같은 법이 없다

그들의 대화 한 토막을 살펴보자.

a You mean he stopped drinking just because she asked him to?

b Yes.

a And did he give up smoking for the same reason?

b That's right.

a And he stopped gambling just for her?

b He did.

자, 내용이 이해되는가? a와 b가 어떤 남자에 대해 이야기를 나누고 있다. 그 남자가 한 여자로 인해 이것저것 끊고 개과천선한 것에 대해 말하고 있는 것 같다. 그럼 다시 차근차근 해석해보자.

a **You mean / he stopped drinking / just because / she asked him / to?**

너는 의미하냐?
⋮
그 사람이 멈췄다는 것을, 술 마시는 걸 (술을 끊었다는 것을)
⋮
단지 ~ 때문에
⋮
그녀가 그에게 부탁했기 때문에
⋮
to 하라고 (to 다음에 stop drinking을 생략한 것이다.)

b Yes.

응

맨 끝에 나오는 **to**에 주목하자. 우리는 이러한 **to**를 '대부정사'라고 배우
곤 한다. 그런데 그런 용어는 정말 무시해도 좋다. **to** 뒤에 어떤 말이 생략
되었는지를 파악하는 것이 그보다 백 배 천 배 중요하다.

자, 무엇이 생략되었는가? 그녀가 그에게 무엇을 하라고 부탁한 거지?
술을 끊으라고 부탁한 거다. 그런데 앞에 이미 **stopped drinking**이라고
말했기 때문에 그 부분을 통째로 생략한 것이다. 이해되는가? 그럼, 계속
보자.

**a And did he give up / smoking / for the same
reason?**

그리고 그가 포기한 거야? (give up에 주목하자.)

⋮

담배 피우는 것을

⋮

똑같은 이유 때문에 (앞문장에선 because 절을 사용했었다.)

b That's right. (= Yes)

맞아

담배를 끊었다고 할 때 보통은 **stop smoking**이라고 한다. 여기서도 그

렇게 말할 수 있었다. 하지만 앞에서 이미 술을 끊었다는 말을 하며 **stop drinking**이란 표현을 써버렸다. 영어는 정말 동어반복을 싫어한다. 그래서 굳이 **give up smoking**이라고 다르게 말한 것이다.

for the same reason도 마찬가지다. 담배를 끊게 된 것도 역시 '그녀가 그렇게 하라고 부탁했기 때문'이란 뜻인데, 앞에서 이미 **because she asked him to**라는 표현을 썼기 때문에 여기선 **for the same reason**이라고 말하고 있다.

뿐만이 아니다. b의 대답을 봐라. **Yes**라고 말해도 되는 건데, 앞에서 이미 **Yes**라고 대답했기 때문에 이번엔 굳이 **That's right**이라고 말하고 있는 것이다. 영어가 얼마나 반복을 싫어하는지 느껴지는가? 그 다음을 보자.

a　And he stopped / gambling / just for her?

　　그리고 그가 멈췄냐?(그만두었냐?)
　　⋮
　　도박을
　　⋮
　　단지 그녀를 위해서 (앞문장에선 for the same reason을 사용했었다.)

b　He did. (= Yes)

　　그래

바로 앞에서 **stop** 대신 **give up**을 썼기 때문에 이번엔 다시 **stop**을 썼다.

도박을 그만둔 것도 '그녀가 그렇게 하라고 부탁했기 때문'인데 그 말을 이젠 **just for her**라고 표현하고 있다. 또 **b**의 대답을 봐라. **Yes**도 **That's right**도 모두 써먹었기 때문에, 또 쓰기 싫다. 그래서 이번엔 **He did**라고 대답하고 있다.

문맥이
곧 사전이다

비슷한 예를 하나 더 보자.

> It was terribly cold. A 25-year-old mountain climber stopped to rest for a moment. After some break, he started climbing again.

앞에서 본 대화처럼 복잡하진 않다. 차근차근 해석해보자.

It was terribly cold.

그것은 무시무시하게 추웠다

(It을 비인칭 주어라고 하면서 해석하지 말라고들 하지만 절대 그러지 말자. 그런 고민 하느라 시간 끌지 말고 그냥 '그것'이라고 해석해라. 전혀 문제없다. 하다보면 자연스럽게 처리될 것이니까.)

A 25-year-old mountain climber / stopped / to rest / for a moment.

한 25년 늙은 등산가는

⋮

멈추었다

⋮

그리고 휴식을 취했다 (시간의 흐름대로 해석하라고 앞장에서 강조했다. '멈추고 나서 휴식을 취했다'로 이해하자.)

⋮

잠시 동안

After some break, / he started / climbing again.

약간의 휴식 후에 (break에 주목하자.)

⋮

그는 시작했다

⋮

등반하는 것을, 다시

마지막 문장에 있는 break는 '깨다, 부수다'라는 의미의 동사다. 만약 당신이 공부를 하다가 하던 공부를 '깨고' 잠시 음악을 듣는다면 그게 뭘까? 그래, 그래서 break는 명사로 '휴식'이라는 의미가 되는 거다. 그런데 혹시 break라는 말을 모른다고 해도 위의 내용을 이해하기가 그렇게 어렵
진 않을 것이다. 왜냐하면 앞에서 이미 '휴식을 취
했다'고 말을 흘려뒀기 때문이다.

그게 무슨 말이냐고? 그 앞문장을 봐라. 이미 rest
라는 말을 썼다. rest나 break나 여기선 같은 의미
이고, rest를 반복하기 싫어서 굳이 break라고 말

한 것이다. 그렇기 때문에 설령 break를 모른다 해도 사전 찾아가며 독해
할 필요가 없다는 거다. 다음 예문을 보자.

When you are at a supermarket, / watch / people leaving / the store.

당신이 슈퍼마켓에 있을 때
⋮
봐라 (명령문이다.)
⋮
사람들이 떠나는 것을
⋮ 어디를
그 상점을

이제 감을 잡았을 거다. 그렇다. supermarket을 반복해서 쓰지 않기 위
해 뒤에선 store라고 표현했다. 하지만 그 말이 그 말이다. 짧고 쉬운 문
장으로 살펴봤지만 긴 문장이 나올 때도 기억해두면 좋을 것이다.

대명사의 뜻을
대충 처리하지 마라

The weather of Korea is milder than that of England.

정말 많이 본 문장일 것이다. 나는 이런 예문이 나오면 언제나 학생들에게 해석해보라고 시킨다. 그런데 백이면 백 명 모두가 다음과 같이 해석한다.

한국의 날씨는 영국보다 온화하다.

혹시 당신도 그렇게 해석했는가? 어림 반 푼 없는 소리다. 말도 안 되는 영어를 하고 있는 것이다. 충분히 말이 통하는데 왜 그러냐고? 위의 해석은 두 가지 중요한 점을 놓치고 있다. 하나씩 보자.

우선 **milder**는 **mild**라는 형용사에 **-er**이 붙은 표현이다. 비교급인 것이다. 그런데 위의 해석에선 그냥 '온화하다'라고 처리해서 비교급의 의미를 제대로 살리지 못했다. **small**은 '작은'이고 **smaller**는 '더 작은'이다. **tall**은 '키가 큰'이고 **taller**는 '키가 더 큰'이다. 마찬가지로 **mild**는 '온화한'이고 **milder**는 '더 온화한'이라고 비교급의 의미를 살려줘야 한다.

'영국보다 온화한'이나 '영국보다 더 온화한'이나 그게 그거 아니냐고? 물론 우리말에선 그렇다. 굳이 '더 온화한'이라고 말하지 않아도 뜻이 통

한다. 하지만 영어에선 그렇지 않다. 저 경우 **milder**가 아닌 **mild**를 쓰게 되면 어색하고 틀린 표현이 돼버린다. 하지만 또 이렇게 생각할지 모르겠다. '독해를 하는 데 그게 뭐가 그렇게 중요하지?'

독해를 할 땐 어쩌면 대강대강 빨리 해석하는 편이 더 좋을 수도 있다. 하지만 자꾸 그렇게 영어를 독해 따로 회화 따로 접근하지 마라. 처음엔 경제적으로 공부한다는 생각이 들겠지만 계속 그렇게 분리해서 공부하다보면 실력이 느는 데 분명한 한계가 있다.

당장은 **milder**를 '온화한'으로 풀이하고 지나가도 별로 문제되지 않지만, 그렇게 대강대강 처리하다 보면 나중에 저 문장을 우리가 직접 말하거나 써야 할 때 절대 정확히 쓸 수 없게 된다. 아마도 그냥 **mild**라고 쓰게 될 가능성이 크다. 무슨 말인지 이해되는가?

앞의 해석에서 또 하나 문제가 되는 것은 **that of England**의 **that**을 처리하지 않았다는 점이다. 우리는 **this, that, it, one** 등의 대명사가 나오면 대충 얼버무리고 넘어간다. 하지만 절대 그래선 안 된다. '한국의 날씨는 영국보다 더 온화하다'라고 하면 우리말로는 전혀 잘못된 것이 없어 보인다. 그러나 잘 생각해보자. 비교하는 대상이 무엇인지를.

93

맞다. 비교하는 것은 한국의 날씨와 영국의 날씨다. 그렇지? 그렇다면 영국의 날씨를 the weather of England라고 표현해야 할 거다. 또 그랬다면 우리도 이해하기 훨씬 쉽지 않았을까? 하지만 그들은 절대 그렇게 하지 않는다. 왜냐고?

이 장에서 다루고 있는 내용이 무엇인가? 영어는 동어반복을 싫어한다고 했다. 그래서 the weather를 that으로 대신한 것이다. 때문에 해석할 때도 반드시 that을 처리해줘야 한다. '한국의 날씨는 영국의 그것보다 더 온화하다'라고.

아, 물론 어색하다는 거 안다. 하지만 이렇게 대명사를 꼬박꼬박 챙겨서 해석하는 습관을 들여야 실제 영어 문장을 말하거나 쓸 때도 정확히 표현할 수 있다는 사실을 다시 한 번 기억하자. '한국의 날씨는 영국보다 더 온화하다'라는 문장을 영작해보라고 하면 많은 학생들이 The weather of Korea is milder than England.라고 잘못 쓴다. 거듭 말하지만 그들이 생각하고 말하는 방식을 그대로 따르는 게 영어 잘하는 지름길이다.

The weather of Korea / is milder / than that of England.

한국의 날씨가

⋮

더 온화하다

⋮ 무엇보다?

영국의 그것(날씨)보다

그럼 다음 문장을 해석해보자. 비교급과 대명사 처리에 주의하라고 했다.

The ears of a rabbit / are longer / than those of a fox.

토끼의 귀들은 (ears라고 복수형을 썼다. 왜? 토끼의 귀는 2개니까.)

⋮

더 길다

⋮ 무엇보다?

여우의 그것들(귀들)보다

왜 **that**이 아니라 **those**를 썼을까? 그건 너무나 쉽다. **those**가 대신하는 말은 **the ears**이기 때문이다. 맞지? 단수 복수에 주의해야 한다.

생략된 부분을 정확히 따져 버릇해라

이제까지는 그들이 동어반복을 피하기 위해 단어 자체를 다르게 바꿔 말한 문장들을 주로 살펴보았다. 여기선 중복되는 부분을 아예 생략해버린 문장들을 보도록 하자. 이 또한 강의하면서 강조 또 강조하는 부분이다. 처음 영어를 접할 때부터 생략된 것을 느끼도록 습관을 들였으면 평생 고생하지 않아도 될 부분인데 어느 정도 배운 후에 습관을 고치려니 힘들

것이다. 자, 예문을 보자.

Are you a student?
Yes, I am.

정말 쉬운 문장이다. 하지만 이런 쉬운 것을 가지고도 난 할 말이 많은 사람이다. 무슨 할 말이 그렇게 많냐고? 해보자.

우린 이 문장을 이렇게 처리하곤 한다.

당신은 학생입니까?
네, 그렇습니다.

그러고 나선 아주 뿌듯해 한다. 심지어는 주어인 you를 빼고 '학생입니까? 예, 그래요.'라고 처리하기도 한다. 이런 식으로 영어를 해온 사람은 앞으로 나올 예문에 머리가 터질 것이다. 그렇다면 어떻게 처리해야 한다는 건가?

반드시 주어인 you를 살려서 '당신은 학생입니까?'라고 해야 한다. 단순히 '학생입니까?'라고 묻는다면 누구에게 물어보는지 명확하지 않기 때문이다. 그리고 그 대답은 '예, 나는 학생입니다.'라고 이해하는 것이 좋다. 왜냐하면 Yes, I am a student.에서 a student가 앞문장에 있어서 생략한 것이기 때문이다.

그렇다. 영어를 처음 접할 때 반드시 생략된 것을 알려고 노력해야 한다.

그런 노력을 하다보면 찾아내려고 애쓰지 않아도 나중엔 저절로 잘 처리할 수 있게 된다. 그럼, 예문 하나를 또 보자.

He is as tall as his father.

어려운 말 하나 없다. 전부 아는 단어로 구성돼 있어서 이번엔 처리가 쉬울 것 같다. 과연 그럴까? 아마 대부분의 사람들은 다음과 같이 해석할 것이다.

그는 아빠만큼 (키가) 크다.

우리말로는 훌륭한 해석이다. 하지만 영어를 공부할 땐 이렇게 이해해서는 안 된다. 왜냐고? 우선 누구의 아빠인지 제대로 처리하지 않았다. '그의 아빠'라고 분명하게 말하는 습관을 들이지 않으면 영어를 말해야 할 때 절대 정확하게 표현할 수 없다. 또 하나, 앞에 있는 **as**를 완전히 무시했다. **as**는 '그만큼'이라고 정확히 처리해줘야 한다.

그럼 다시 제대로 해볼까? 자, 그리고 기왕이면 앞에서부터 차례대로 해석하자.

그는 그만큼 키가 크다, 그의 아빠처럼 (그의 아빠가 큰 것처럼)

그리고 '그의 아빠처럼'이라고 하면서는 마음속으로 꼭 '그의 아빠가 큰 것처럼' 이라고 해석하자. 왜냐고? 바로 앞에서 봤던 **Yes, I am** 뒤에 **a student**가 생략된 것처럼, **as his father** 뒤엔 **is tall**이 생략된 것이기 때문이다. 즉, 원래는 이런 문장이었다.

He is as tall as his father (is tall).

분명히 말하지만 문법을 많이 안다고 해서 제대로 된 영문을 쓸 수 있는 것이 아니다. 반드시 그들의 사고방식으로 영문을 많이 읽어봐야 한다. 나는 비록 영어를 잘하는 것은 아니지만, 오래도록 그렇게 영문을 읽어와서인지 영문이 우리글보다 오히려 더 쉽고 편하게 느껴질 때가 많다.

as ~ as possible은 공식이 아니다

a   She ran as fast / as she could.
b   She ran as fast / as possible.

이 문장은 중학교 때 정말 질리도록 접한 문장일 거다. **as ~ as possible**은 **as ~ as 주어 can**으로 바꿀 수 있다고 배웠다. 시험에도 어찌나 자주 나오는지, 그래서 다들 외우고 있을 것이다.

그런데 학생들이 이런 걸 암기하고 있는 모습을 보면 나는 정말 마음이 아프다. 이건 정말 외우고 말고 할 필요도 없는 내용이기 때문이다. 우리가 외우는 숙어들 대부분은 사실 숙어라고 할 만한 것들이 아니다. 개중엔 문화적 차이로 인해 바로 해석할 수 없는 표현이어서 어쩔 수 없이 외워야하는 것들도 있긴 하지만 말이다. 우선 a를 해석해보자.

a **She ran / as fast / as she could.**

그녀는 달렸다

⋮

그만큼 빠르게

⋮

그녀가 할 수 있었던 만큼

물론 마음속으로는 '그녀가 달릴 수 있었던 만큼'이라고 해석하는 게 좋다. as she could run에서 앞에 run이라는 단어를 이미 썼기 때문에 생략한 것이다. 이제 b를 해석해보자.

b **She ran as fast / as possible.**

그녀는 달렸다

⋮

그만큼 빠르게

⋮

가능한 만큼

어떤가? 그냥 보기만 해도 의미가 비슷한데 이런 걸 굳이 수학공식처럼 달달 외울 필요가 있을까? 그들은 절대 이런 걸 외워서 바꿔 말하거나 하지 않는다. 그런데 우리는 계속 그렇게 배우고 있는 것이다.

사실 이런 생각을 하다보면 나도 모르게 화가 나려고 한다. 너무 답답하기 때문이다. 우리는 그렇게 이상한 방식으로 영어를 배워 왔고, 현재도 그렇게 배우고 있고, 앞으로도 한동안은 그렇게 배우게 될 것이다. 그럼 어린 꼬마들도? 아, 정말 그런 생각을 하면 억장이 무너진다.

문장 전환 공식은
전부 잊어라

as ~ as가 나왔으니 몇 가지 더 살펴보자. 우선 예문을 보자.

a He can speak French as well as English.

b She is not so much a teacher as a scholar.

개중에 영어 공부를 제법 한 사람은 **A as well as B**를 'B뿐만 아니라 A 까지'라고 외웠을 거다. 그래서 a 문장을 '영어뿐만 아니라 불어까지'라고 금세 해석해낸다. 또 **A as well as B**를 **not only A but also B**로 바꿔 말할 수 있다는 것까지도 알고 있을지 모른다.

그리고 그보다 더 공부를 많이 한 사람은 **not so much A as B**를 'A라기 보다는 차라리 B다'라고 아예 외우고 있어서 b 문장을 자신 있게 '그는 선생님이기보다는 차라리 학자다'라고 해석한다.

자, 그렇게 영어 공부 많이 해온 당신, 그동안 정말 수고 많으셨습니다. 저 복잡한 공식들을 A, B 순서도 헷갈리지 않고 그렇게 외울 수 있게 되 기까지 얼마나 많은 시간과 노력을 들였을까? 그런데 그게 얼마나 황당 한 방식인지 아는가? 먼저 a를 해석해보자.

a **He can speak / French / as well / as English.**

그는 말할 수 있다

⋮ 무엇을?

불어를

⋮

그만큼 잘

⋮ 뭐만큼?

영어만큼

물론 마음속으로는 '그가 영어를 말할 수 있는 만큼'이라고 해석하는 것 이 좋다. 왜냐고? 앞에서 해봤으니 이제 알 거다. **as English**는 사실 **as**

he can speak English인데, he can speak가 앞에 이미 쓰였기 때문에
생략한 것이다.

as well as라는 숙어 같은 거 전혀 동원하지 않고 앞에서부터 죽죽 해석
했을 뿐이다. 그런데 모두 제대로 이해했다. 그러니 외울 필요가 있다, 없
다? 없다! 그럼 b를 보자.

> b **She is not / so much a teacher / as a scholar.**
>
> 그녀는 아니다
> ⋮
> 그렇게 많이 선생님이 (아니다)
> ⋮
> (그녀가) 학자인 것만큼은

잘 생각해봐라. 그녀가 그렇게 많이 선생님이 아니란다. 그녀가 학자인
것만큼은. 이 말은 곧 그녀가 학자의 측면이 강하다는 얘기다. 굳이 어렵
게 'A라기보다는 차라리 B다'라고 외울 필요가 있는가? 그러지 않고도
해석만 잘했다.

재삼 강조하지만 어떤 문장을 다른 문장으로 바꾸는 식의 그런 복잡한 공
식들을 전혀 외우지 않아도 영어 하는 데 전혀 지장 없다. 정작 그들은 그
렇게 하지 않는데 우리는 왜 영어를 그런 식으로 공부하는가?

영어는 수에 민감하다

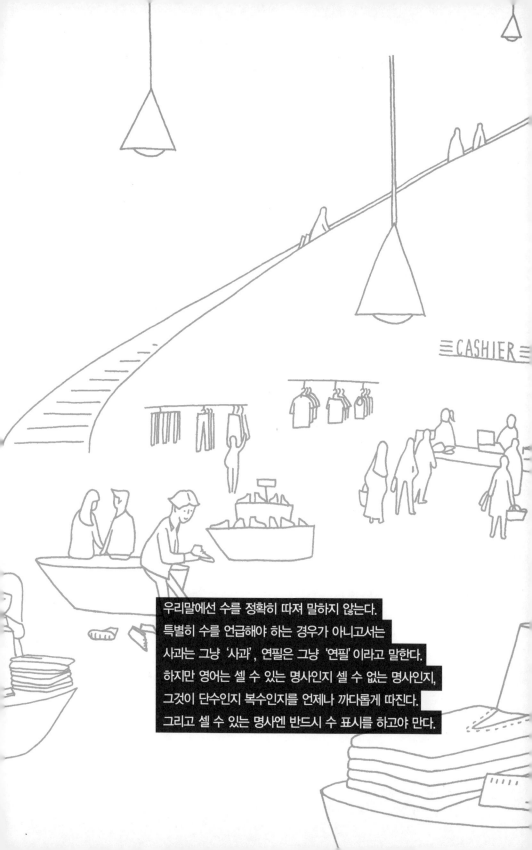

CASHIER

우리말에선 수를 정확히 따져 말하지 않는다.
특별히 수를 언급해야 하는 경우가 아니고서는
사과는 그냥 '사과', 연필은 그냥 '연필'이라고 말한다.
하지만 영어는 셀 수 있는 명사인지 셀 수 없는 명사인지,
그것이 단수인지 복수인지를 언제나 까다롭게 따진다.
그리고 셀 수 있는 명사엔 반드시 수 표시를 하고야 만다.

사과는 apple이 아니다
an apple이다

영어는 셀 수 있는 명사에는 반드시 **a/an, the**와 같은 관사를 붙이거나 뒤에 **-s**를 붙여서 그 말이 단수인지 복수인지를 표시해준다. 그리고 셀 수 없는 명사에는 관사나 **-s**를 붙이지 않는다. 그들은 셀 수 있는 명사인지 셀 수 없는 명사인지, 그리고 단수인지 복수인지를 분명하게 따져서 그 표시를 꼭 하고야 만다.

반면 한국말을 쓰는 우리는 그들과 달리 "사과 좀 줄래?"라고 말하지, 굳이 "사과 한 개 좀 줄래?"라고 수를 정확히 따져 말하지 않는다. 우리는 단수와 복수를 까다롭게 따지지 않고 대체로 두루뭉술하게 언어를 구사한다. 그래서 "사과가 영어로 뭐지?" 하고 물으면 우리말을 하던 습관대로 자신 있게 "Apple!"이라고 답하곤 한다. 그게 뭐가 잘못됐냐고?

다시 말하지만 그들은 사과처럼 셀 수 있는 명사엔 단수인지 복수인지를 꼭 표시해준다고 했다. 한 개면 **an apple**, 두 개면 **two apples**, 몇 개인지 안 세어봤지만 많이 있으면 **many apples**···. 이렇듯 그들은 셀 수 있는 명사라면 무조건 수 표시를 해줘야 직성이 풀린다. 밑도 끝도 없이 **apple**이라고만 하면 의미는 전달되겠지만 그들은 순간 당황할 것이다.

앞으로는 "사과가 영어로 뭐지?" 하는 질문을 받으면 **"An apple!"**이라고 수를 살려 답하자. 그들은 수에 아주 민감해서, 우리가 대수롭잖게 스쳐 지나가는 **a/an, the, -s**를 중요하게 여긴다. 토익, 텝스 등의 공인 영어 시험이나 수능시험에서 수에 관한 문제가 항상 등장하는 것도 그런 이유에서다. 그러니 영어를 잘하려면 그들처럼 수를 분명하게 따지는 습관을 들이는 수밖에 없다.

관사를 잘못 쓰면
처녀도 임신부가 된다

어떤 단어가 있을 때, 그 단어가 셀 수 있는 명사로만 쓸 수 있다거나 혹은 셀 수 없는 명사로만 쓸 수 있다는 식의 규칙이 있는 것은 아니다. 평소엔 셀 수 없는 명사지만, 그 명사에 관사나 **-s**를 붙여서 '손에 잡히는' 셀 수 있는 명사로 사용할 수도 있다. 반대로 평소엔 셀 수 있는 명사인데, 관사를 빼서 '추상적인 의미'를 갖는 단어로 쓸 수도 있다. 이런 경우를 우리는 문법에서 '명사의 전용(轉用)'이라고 배운다. 물질명사의 보통명사화, 추상명사의 보통명사화, 고유명사의 보통명사화 등등. 하지만 그런 어려운 말들은 몰라도 된다. 예를 보자.

a   go to the bed / go to the church
b   go to bed / go to church

위 표현들은 우리가 '숙어'라고 묶어놓고 잘 외우던 것들이다. "**go to the bed**는 '다른 목적'으로 침대에 가다, **go to the church**는 '다른 목적'으로 교회에 가다, **go to bed**는 잠자리에 들다, **go to church**는 예배를 보러 가다… 끝!"

혹시 우리말을 이처럼 여러 단어를 묶어 숙어로 암기해본 적이 있는가? 한자성어 외운 적은 있어도, 글쎄? 그들도 마찬가지다. 문화적인 차이로 어쩔 수 없이 외워야 하는 경우를 제외하고는, 우리가 외우는 거의 대부분의 숙어는 외울 필요가 전혀 없는 것들이다.

암기하지 않고 저 문장들의 뜻을 파악할 수 있는 방법은 다음과 같다. 위의 a에선 관사 **the**가 붙은 걸로 봐서 **bed**와 **church**가 셀 수 있는 명사, 즉 구체적인 명사로 쓰였음을 알 수 있다. 이럴 때 **go to the bed**는 단순히 침대에 가는 것만을 가리킨다. 침대에 가긴 가는데 다른 목적으로 가는 것이다. 책을 읽으러 가든 차 열쇠를 찾으러 가든 여하튼 문맥에서 의미하는 어떤 목적으로 간다는 말이다. 마찬가지로 **go to the church**도 교회에 가지만 예배를 보러 가는 것이 아니라, 공부하러 가든 교회 친구를 만나러 가든지 그런 이유로 가는 것을 말한다. 이때 **the bed**와 **the church**는 추상적인 의미를 갖고 있지 않은 그냥 무미건조한 '사물'일 뿐이기 때문이다.

그런데 b처럼 관사가 없을 때는 어떻게 될까? **bed**와 **church**가 관사 없이, 즉 셀 수 없는 명사로 쓰인 경우, 이 단어들은 추상적인 의미를 갖는다. 추상적인 의미는 그럼 어떻게 유추하냐고? **bed**에서는 무엇을 하는가? 잠을 잔다. **church**에서는? 예배를 본다. 그래서 **go to bed**는 잠자리에 들다, **go to church**는 예배를 보러 간다는 말이 된다. 그런 걸 우리는 외우고 있는 것이다. 외우는 걸 말리진 않겠다. 하지만 외우더라도 이해하고 외우자.

이처럼 같은 단어라도 셀 수 있는 명사로 쓰였을 때와 셀 수 없는 명사로 쓰였을 때 그 뜻은 엄청나게 달라진다. 뜻이 다르면 얼마나 다르겠느냐고? 관사 하나 빠뜨려서 뺨 맞을 수도 있는데?

> a She is with a child.
> b She is with child.

a와 b의 차이가 뭘까? 감으로 한번 때려 맞춰보자.

child 앞에 **a**가 붙어 있다. 셀 수 있는 명사로 쓰인 거네? 이걸 보고 손에 잡히는, 실제로 이 세상에 존재하는 아이 한 명을 떠올릴 수 있어야 한다. 그리고 만일 a child가 아니라 the child라면 서로 알고 있는 '그 아이'와 함께 있는 것이 되겠다.

반면 관사 a나 the가 붙어 있지 않으면 child는 셀 수 없는 명사가 된다. 아이인데 셀 수 없는 아이라면 보이지 않는 추상적인 아이? 그래, 뱃속에 있는 아이를 말하는 것이다. 그래서 She is with child.는 '그녀가 임신 중이다'라는 뜻이 된다.

조카인지 동생인지는 모르겠지만, 어떤 아이와 함께 있는 젊은 여자가 있다. 그런데 그녀를 두고 She is with a child.라고 하지 않고 She is with child.라고 말했다가는 멀쩡한 처녀를 임신부로 만들 수 있는 것이다. 그러니 영어 공부 제대로 하고 볼 일이다.

Dad always gives / us / room / to make mistakes / and learn / from them.

아빠는 항상 주신다
⋮
우리에게
⋮
방을(?)
⋮
만들 수 있는, 실수들을 (방을 만든다고?)
⋮
그리고 배울 수 있는 (방을 배운다고?)
⋮
그 실수들로부터

우리는 **room**이라고 하면 자동적으로 '방'
을 떠올린다. 그런데 여기서는 **room**이 단
수, 복수 표시 없이 쓰였다. 그러면 셀 수 없는
명사인 거네? 이렇게 쓰이는 **room**은 셀 수 있는 방을 의
미하는 것이 아니라 '공간, 여지'라는 뜻을 갖는다. 우리가

흔히 말하는 '큰 방, 작은 방'이라고 할 때의 그 방은 **a room, two rooms**
등으로 정확히 수 표시를 해줘야 한다.

불특정 사물에 붙는 a
범위를 한정시키는 the

원칙대로라면 추상명사에는 관사를 붙이거나 복수형 표시를 해선 안 될
것이다. 하지만 우리의 생각과 달리 추상명사에도 간혹 부정관사 **a(an)**나
정관사 **the**를 붙여 말할 때가 있다.

문법 용어 따위 신경 쓸 필요 없다면서 부정관사, 정관사 같은 말을 언급하
는 이유가 뭔지 궁금할 거다. 부정관사, 정관사란 말 속에 음미해볼 만한
뜻이 있기 때문이다. 우선 부정(不定)관사 **a / an**은 말 그대로 정해지지 않은
것, 불특정 사물에 사용한다. **a book**은 '책 한 권'을 의미한다. 어떤 특정한
책을 가리키는 말이 아니다. 반면 정(定)관사 **the**는 정해진 것, 특정 사물에
사용한다. 즉 **the book**은 '그 책'을 의미한다. 몇 가지 예를 보자.

   a   I had lunch with him.

   b   She ate a small lunch before attending the meeting.

일반적으로 식사를 가리키는 말에는 관사를 사용하지 않는다. 따라서 a 에서처럼 점심을 먹었다고 할 때 lunch에는 관사를 붙이지 않는 것이다. 물론 아침식사 breakfast, 저녁식사 dinner도 마찬가지다.

그런데 일반적인 점심을 말하지 않고, 여러 점심들 중 하나를 말할 때는 그 앞에 a를 붙인다. 즉 가볍게 먹은 점심은 a heavy lunch, 그리고 위의 예문에서처럼 적은 양의 점심은 a small lunch라고 표현한다. 또 하나, 비즈니스를 위해 먹는 점심도 부정관사 a를 붙여 a working lunch라고 표현한다.

   a   the moon

   b   a full moon / a half moon

달은 the moon이다. 왜 the가 붙을까? 우리나라뿐만 아니라 지구상 모든 사람들이 알고 있는 달은 지금 하늘에 떠 있는 그 달이다. 즉 '너도 알고 나도 아는 달'이니까 정관사 the를 붙이는 거다. 그런데 보름달과 반달을 표현해줄 땐 a를 붙여서 보름달은 a full moon, 반달은 a half moon 이라고 한다. 왜 그럴까?

보름달이란 건 늘 있지 않고 한 달에 한 번씩 계속 새롭게 뜬다. 그래서 그들은 이번 달에 떴던 보름달과 지난 달에 떴던 보름달을 서로 다른 달로 생각하며, 그렇기 때문에 **the**를 붙이지 않고 **a**를 붙이는 거다. 반달도 마찬가지다.

a   I majored in history.
b   I majored in the history of the 19th century.
c   a history of World War II

우리가 흔히 말하는 '역사(과거의 사건)' 혹은 과목명 '역사학'은 관사 없이 그냥 history라고 표현한다. 하지만 b처럼 '역사는 역사인데 19세기의 역사'라고 범위를 한정할 때는 정관사 the를 붙인다. 반면 c의 a history 는 한(어떤) 역사가 아니라 2차 세계대전에 관한 여러 설명들 중 하나란 의미다. 즉 설명(account)의 뜻으로 사용된 것이므로 부정관사 a가 붙었다.

한번 셀 수 없다고
영원히 셀 수 없는 건 아니다

셀 수 없는 명사, 즉 추상적인 의미를 갖는 명사인데 관사나 **-s**가 붙어 '셀 수 있는 명사'로 변신하기도 한다. 다음 문장을 보자.

Most people in Alaska / live / in the cities, / such as Anchorage, Fairbanks and Juneau, / where they can find jobs / and enjoy modern conveniences.

대부분의 사람들, 알래스카에 있는
⋮
살고 있다
⋮
도시에서
⋮
예컨대 Anchorage, Fairbanks and Juneau에서
⋮
(그런데) 그곳에서 그들은 찾을 수 있다, 직업들을
⋮
그리고 즐길 수 있다, 현대적인 편리함들(?)을

convenience는 '편리함'이란 뜻을 가진 셀 수 없는 명사다. 그런데 위 문장에서는 -s가 붙어서 conveniences, 즉 복수형으로 쓰였다. '편리함'이라는 기본 뜻은 변함없이 가지고 있지만, 셀 수 있는 명사로 쓰였으니까 '편의시설들' 정도로 해석하는 것이 적절하다.

이같은 예는 수없이 찾아볼 수 있다. 예를 들면 necessity는 '필요성', kindness는 '친절'이라는 뜻을 갖는 셀 수 없는 명사다. 그런데 그것들이 a necessity, necessities 혹은 a kindness, kindnesses가 되면 셀 수 있는 명사가 되어 뜻이 달라진다. necessities는 우리의 일상생활에 꼭 필요한 '필수품들'이란 뜻이고, kindnesses는 '친절한 행위들'로 해석된다.

I've got / 2 papers / to write / this weekend / and also / our first big exam / to study for / in chemistry.

나는 얻었다 (가지고 있다)
⋮
2 종이를 (?)
⋮
써야 할 (2 papers를)
⋮
이번 주에
⋮
그리고 또한 (나는 가지고 있다)
⋮
우리의 첫 번째 큰 시험을
⋮
공부해야 할 (시험을)
⋮
화학 시간에

자, 2 종이들이라니 말도 안 된다는 걸 눈치 챘겠지? 여기서는 두 개의 과제물이란 뜻으로 쓰였다.

그냥 종이를 말할 때는 **paper**라고 한다. 그런데 **a paper**, **2 papers**, **term papers** 등 **paper**에 수 표시가 되어 있을 경우엔 신문, 서류, 기말 과제물 등으로 해석해야 한다. 이 많은 뜻 중에서 어떤 걸 골라야 할지는 전후문맥이 결정해준다. 읽다보면 익숙해질 것이다.

The event / was a success.

그 이벤트는

⋮

성공했다 (?)

'성공'이라는 추상적인 뜻을 가진 success에 a를 붙이면 셀 수 있는 명사가 된다. 위 문장에서는 '성공작' 정도로 해석하는 게 맞겠다. '그 이벤트는 성공작이었어'라고 말이다. 만약 '그 이벤트는 성공했다'라고 표현하려면 The event was successful.이라고 해야 할 것이다.

She was a beauty / when young.

그녀는 아름다웠다 (?)

⋮

(그녀가) 젊었을 때

아름다움을 뜻하는 beauty에 a를 붙이면 셀 수 있는 명사가 되어 '미인'이란 뜻을 갖게 된다. 따라서 위의 문장은 이렇게 해석하면 될 것이다. '그녀는 젊었을 때 미인이었다.'

문장이 길어도
단수 복수는 귀신같이

그들은 문장을 말하거나 들을 때 단수냐 복수냐를 철저하게 따진다. 주어
와 동사 사이에 아무리 많은 말들이 끼어들어도, 그 주어가 단수인지 복
수인지를 귀신같이 가려내고는 거기에 맞춰 is와 are, has와 have 등을
척척 붙인다. 아래 문장을 보자.

An increase / in traffic accidents / on U.S. motorways / (has, have) forced / officials to look into / the reasons / for this sudden surge.

한 증가
⋮
교통사고들에서
⋮
미국 고속도로 위에서 (그 한 증가가)
⋮
강요했다
⋮
관리들이 안을 들여다보도록 (조사하도록)
⋮
그 이유를
⋮
이 갑작스런 상승에 대한

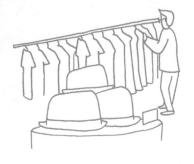

이 문장에서 주어는 **An increase**다. **An increase**와 동사 **has forced** 사이에 부연 설명이 길게 끼어들었지만, 주어가 단수인지 복수인지만 정확히 파악하면 동사의 형태를 결정할 수 있다. 주어인 **An increase**는 단수다. 그러므로 동사는 **have**가 아닌 **has**를 써야 한다.

What children see / on TV / (influences, influence) / them / a lot more / than we think.

아이들이 보는 것

⋮

TV에서 (아이들이 보는 것이)

⋮

영향을 미친다

⋮

그들에게

⋮

훨씬 더 많이

⋮

우리가 생각하는 것보다

이 문장의 주어는 **What children see**, 즉 '아이들이 보는 것'이므로 단수다. 따라서 동사는 **influence**가 아닌 **influences**를 써야 한다.

A report / released in Modern Psychology / claims / that people / who / work over sixty hours a week / (is, are) more susceptible to headaches and minor ailments / like colds.

한 보고서가

⋮

모던 사이콜로지에서 내놓은 (한 보고서가)

⋮

주장한다 (that절 이하를)

⋮

사람들이

⋮

그런데 말야 (그 사람들은)

⋮

1주일에 60시간 이상 일하는 (사람들은)

⋮

보다 더 걸리기 쉽다

⋮

두통과 가벼운 질병에

⋮

예를 들면(like), 감기 같은

> > > release의 일차적인 의미는 '풀어주다'로 '해방시키다, 개봉하다, 음반을 내놓다, 논문을 발표하다, 제품을 출시하다' 등 여러 가지 용례를 가지고 있다.

주어와 동사 사이의 간격이 길어도 너무 길다. 그러나 문제의 be동사에 걸리는 주어만 찾아내면 된다. that절의 주어는 people이다. who 구문이 끼어들어 다소 헷갈리긴 하지만 그건 people에 대한 부연설명일 뿐이다. 자, 그럼 주어인 **people**은 단수일까 복수일까? **people**은 '사람들'이란 뜻으로 항상 복수다. 따라서 동사는 **are**를 써야 한다.

In spite of (its, their) close location / to these countries, / Korea has remained / free / of the deadly disease.

그것의 가까운 위치에도 불구하고
⋮
이러한 국가들에 (가까운 위치에도 불구하고)
⋮
한국은 남아 있다
⋮
자유로운 상태로
⋮
그 치명적인 질병들에서

이 문장은 몇 년 전 수능시험에 나왔던 문장이다. 여기서 괄호 속 소유격이 가리키는 것은 **Korea**다. 그럼 **Korea**는 단수인가 복수인가? 바로 뒤에 있는 **has**도 말해주고 있는 것처럼 **Korea**는 단수다. 그러므로 괄호 속엔 **their**가 아닌 **its**를 써야만 한다.

앞서 말했듯 이런 종류의 문제들은 수능시험뿐 아니라 다른 시험에도 자주 등장한다. 단수 복수의 문제를 대충 넘기다보면 그야말로 고전을 면하기 어려울 것이다. 별거 아니라고 얕보지 말고 지금부터라도 그들처럼 수에 민감해지도록 노력하자.

영어는 하느냐 당하느냐를 철저히 따진다

영어를 공부할 땐 조금 어색하더라도
수동의 의미를 정확히 살려서 해석하는 습관을 들여야 한다.
수동을 수동으로 해석하지 않으면 행위자가 뒤바뀌게 되어
아주 엉뚱한 의미가 돼버리고 만다.
수동을 대충 대충 이해하다보면
다른 부분도 점점 대충 이해하게 되고,
그러다가 결국엔 '영어 Oh, no!'가 된다.

사랑하다와 사랑받다만
제대로 기억하자

여러분은 일찌감치 **pp**에 대해 배워 알고 있다. 그러나 실제 **pp**가 나오면 어떻게 처리해야 할지 몰라 쩔쩔매곤 한다. 왜 그럴까? 그건 아마도 **pp**를 처음 배울 때 뭔가 대단한 것이라도 되는 양 지나치게 힘을 주어 배웠기 때문일 거다.

pp의 핵심의미는 '수동'과 '완료'다. 하지만 몰라도 좋다. 이런 걸 숫제 처음 접하는 거라고 해도 전혀 상관없다. 이 장에서 나는 딱 한 가지 내용만 말하려고 한다. 그런데 그 하나만 제대로 기억해도 영어에 대한 스트레스가 엄청 줄어들 거라고 확신한다.

love가 무엇인가? '사랑하다'인 걸 모르는 사람은 없을 것이다. 그럼 **be**

loved는 뭘까? 그렇다. '사랑하는 것이 아니라 사랑을 받다'란 뜻이다. hit은 '때리다'이다. 그럼 be hit은? 그렇다. '때림을 당하다', 즉 '두들겨 맞다'란 의미다.

이해되는가? 지금 말한 것이 이해된다면 수동태니 능동태니 하는 용어를 몰라도 태에 관해 모두 이해한 것이나 다름없다. '아니, 그렇게나 어려운 태 부분을 이렇게 간단한 몇 마디로 끝내다니, 이 사람 완전 사기꾼 아냐?' 하고 생각할 수도 있다. 하지만 정말이다. 딱 그 정도만 알고 있어도 영어를 하는 데 전혀 지장 없다.

수동 능동 바꾸는 연습은 이제 그만하자

대개 중학교 2학년 정도가 되면 수동태를 능동태로, 능동태를 수동태로 바꾸는 연습을 한다. 대각선 그어가며 주어와 목적어의 자리를 바꿨던 기억, 아마 다들 갖고 있을 거다. 학생들과 이야길 나눠보면, 대개 그 무렵부터 영어가 어렵고 복잡하게 느껴지기 시작했다고 토로한다.

물론 나도 그랬다. 목적어를 주어로 바꾸고, 동사를 be동사+pp로 바꾸고, 뒤에 by+목적격을 붙이는 연습을 하면서 그런 생각이 들었다. '영어도 결국 수학처럼 이상한 공식들을 외워야 하는 과목이란 말인가?' 쉽고 재미있는 줄로만 알았던 영어에 대해 일종의 배신감 같은 걸 느꼈던 것이다.

그런데 가만 생각해보자. 과연 우리말을 배울 때도 저런 식으로 연습한 일이 있었던가? '나의 엄마는 나를 사랑하셔'라는 문장을 '나는 / 사랑 받고 있어 / 나의 엄마에 의해'라고 바꿔 말하는 연습을 했느냐 말이다. 영어 원어민들은 어떨까? 아이들에게 수동 – 능동 바꾸는 연습을 시켜가 며 말을 가르치는 것일까?

웃긴 얘기다. 조금만 생각해봐도 그게 얼마나 터무니없는지를 알 수 있 다. 하지만 아직도 그런 연습을 시켜가며 영어를 가르치는 현장을 심심찮 게 목격하게 된다.

수동의 의미를
반드시 살려서 해석해라

자, 이제 예문을 보도록 하자.

The car will be run by the computer.

이 문장을 '차가 달릴 것이다, 컴퓨터로'라고 처리하고 있다면 당신은 엄 청난 오류를 저지르고 있는 것이다.

왜냐고? 조금 전에 **be**동사+**pp**는 수동이라고 말했다. 그러니 '~를 받는

다, 당한다'라고 해석해야 맞다. run이 아니라 **be run**인 것이다(둘 다 생김

새는 똑같지만 **be run**의 run은 **pp**형이다). 그럼 제대로 된 해석을 보자.

The car will be run / by the computer.

차가 달려질(운전되어질) 것이다
⋮
컴퓨터에 의해

차가 달리는 것이 아니라 그 차가 누군가에 의해 달려지고 있는 것을 표
현하고 있는 문장이다. '그 말이 그 말이지. 자식! 되게 잘난 체하고 있
네.' 하고 생각할지도 모르겠다. 하지만 둘 사이엔 엄청난 의미 차이가 있
음을 알아야 한다.

'차가 달릴 것이다'라는 해석은 차가 스스로 달린다는 것이고, '차가 달려
질 것이다'라는 해석은 누군가가 운전을 해서 달리게 될 것이라는 수동의
의미다. 우리말로는 '달려지다'라는 말을 쓰지 않기 때문에 어색하게 느
껴지지만, 그래도 영어를 공부할 땐 조금 어색하더라도
수동의 의미를 정확히 살려서 해석하는 습관을 들
여야 한다.

수동을 수동으로 해석하지 않으면
행위자가 뒤바뀌게 되어 아주 엉
뚱한 의미가 돼버리고 만다. 수
동을 대충 대충 이해하다보

면 다른 부분도 점점 대충 이해하게 되고, 그러다가 어느 순간 영문을 보면서 상상의 날개를 펴고 추측하는 단계에까지 이르게 된다. 그리고 결국엔 '영어 **Oh, no!**'가 되는 것이다.

수동-능동에 관한 문제는 수능시험에도, 토익이나 텝스에도 늘 등장하는 단골 메뉴다. 수동을 수동으로 이해하는 습관을 일찌감치 들여두면 나중에 이러한 유형의 문제들은 아주 쉽게 풀 수 있을 것이다. 꼭 높은 점수를 받자는 뜻에서 하는 얘긴 아니다.

surprise는
'놀라다'가 아니다

학생들에게 **surprise**가 무슨 뜻이냐고 물어보면 대다수가 '놀라다'라고 대답한다. 이 또한 크게 오해하고 있는 부분이다. **surprise**는 '놀라다'가 아니라 '놀라게 하다'라는 타동사다. 다음 문장을 보자.

I was surprised at the news.

이 문장을 '나는 그 뉴스에 놀랐다'라고 해석해도 별 문제가 없을 것이다. 그러나 문장의 정확한 느낌이 전해지진 않는다. 정확한 느낌을 담아 해석하자면 다음과 같이 하는 것이 좋다.

I was surprised at the news.

나는 놀래졌다 (내가 누굴 놀라게 한 것이 아니다.)

⋮

그 뉴스에 (at은 콕 집어주는 전치사로 좁은 장소, 순간, 지점을 표시한다. 때문에 '뉴스를 듣자마자'의 느낌이 강해진다.)

한마디 더 해보자. 난 영어를 배우는 사람들에게 자주 묻는다. **be surprised by**라는 말이 실제 쓰이는 표현이냐고. 그러면 십중팔구 아니라고 대답한다. **by**가 아니라 **at**을 쓴다면서.

하지만 그건 잘못 알고 있는 거다. **be surprised at**을 무슨 대단한 숙어인 것처럼 외웠을 텐데, 그래서 **at** 대신 **by**를 쓰면 틀리는 거라고 생각하고 있는데, 실은 그렇지 않다.

be surprised by도 **be surprised at** 못지않게 아주 자주 등장하는 표현이다. 단, **at**을 쓰면 '~을 접하자마자 놀라게 됐다'란 의미가 강하게 표현된다는 차이가 있다.

설명이 잠시 옆으로 샜는데, 여기서 내가 강조하고 싶은 포인트는 수동일 경우 반드시 수동의 의미를 살려주자는 것이다. **surprised**가 **pp**형이란 걸 꼼꼼히 따지지 않고 그저 '놀라다'라고 대충 해석해버렸다면, 바로 다음 문장을 보는 순간 아차 싶을 것이다.

The news surprised me.

그 뉴스가 놀랐다? 경고했듯 벌써부터 말이 꼬이기 시작한다. 여기 있는 **surprised**는 **surprise**의 과거형일 뿐이다. 그리고 다시 한 번 말하지만 **surprise**는 '놀라다'가 아니라 '놀라게 하다'란 타동사다. 그럼, 다시 정확히 해석해보자.

그 뉴스는 놀라게 했다, 나를

'복종되다'라는 우리말이 없을 뿐이다

If the law is obeyed, it will bring us greater happiness.

obey가 '복종하다'란 뜻이라는 것까지 알려주고 위 문장을 학생들에게 해석해보라고 해도, 대부분 잘 처리하지 못하고 우물쭈물한다. 우선 그들이 잘못 처리한 해석을 보자.

만일 그 법이 복종한다면, 그것은 가져올 것이다, 우리에게, 더 큰 행복을

이게 말이 되는가? 절대 아니다. 뭐가 잘못된 거냐고? 수동을 완전히 쏙 빼먹고 처리했다. **obey**는 '복종하다'이지만 이 문장에선 **is obeyed**, 즉

be동사+pp로 쓰이고 있다. 그런데도 그대로 '복종한다면'이라고 당당하게 해석하고는 얼렁뚱땅 다음으로 넘어가고 있다.

학생들이 어려워하는 건 우리말 때문이다. '복종하다'를 수동으로 표현하면 '복종되다, 복종을 받다'가 될 텐데, 그게 과연 말이 되는 건가 싶어 갸우뚱하고 있는 것이다. 우리말로 그렇게 쓰는 경우는 본 적도 들은 적도 거의 없으니까.

그런데 말이다. 우리는 지금 번역을 배우는 게 아니라 영어를 배우는 거다. 그들은 자연스럽게 하는 말인데 왜 그걸 우리말로 옮겼을 때 어색하다면서 인정을 하지 않으려고 하는가? 그들의 방식대로 생각하고 그들의 방식대로 이해하려고 노력해라.

'복종한다'는 건 주어가 군소리 없이 따른다는 뜻이다. 그리고 '복종된다'는 것은 주어가 따르는 것이 아니라 따라진다는, 즉 엄격하게 잘 지켜진다는 뜻인 거다. 그렇다면 수동의 의미를 제대로 살려 차근차근 다시 해석해보자.

If the law / is obeyed, / it will bring us / greater happiness.

만일 그 법이

⋮

복종되어진다면 (엄격히 지켜진다면)

⋮

그것은 가져올 것이다

⋮ 누구에게?

우리에게

⋮ 무엇을?

더 큰 행복을

> > > 이 문장과 같은 경우는 the law is가 생략되고 If obeyed, the law will bring us greater happiness.라고 표현하기도 한다. 그럴 경우에도 If obeyed를 '복종한다면'이 아니라 '복종되어진다면'이라고 반드시 수동으로 해석해야 한다.

be동사 없이 pp만 있어도 무조건 수동이다

이 정도 연습했으면 혹여 수동태라는 말을 모르더라도 **be**동사+**pp**를 해석하는 데 큰 부담을 느끼지 않을 거라고 본다. 자, 그런데 다음 문장을 한번 보자.

In 1971, a 14-year-old girl started a group / called
Save the Whales.

group 뒤에 있는 called라는 말에 주목해보자. 이상하다. 앞에 be동사도
없이 그냥 pp만 있다. 어떻게 해석해야 할까? 여기서 called는 앞에 있는
a group을 부연설명하는 말이다.

부연설명이라는 말이 혹시 새로운가? 아니다. 앞의 2장에서 집중적으로
다뤘던 내용이다. 혹시 가물가물하다면 다시 2장을 읽어보기 바란다. 자,
그럼 위의 문장을 차근차근 해석해보자.

In 1971, / a 14-year-old girl started / a group / called / Save the Whales.

1971년에

⋮

한 14년 늙은 (14세의) 소녀가 시작했다

⋮

한 그룹을 (여기까지 문장의 골격이 제대로 형성돼 있다. 주어＋동사＋목적
어가 모두 갖춰져 있다는 뜻이다. 이제 뒤에 오는 말들은 a group
을 부연설명하는 것이다. 그런데 a group이 부르는가, 불리는가?)

⋮

(그런데 그 그룹은)

⋮

불리는 (그룹)

⋮ 뭐라고 불리나?

Save the Whales라고

이 문장에서 문제가 되는 포인트는 **called**와 **calling**을 구분할 수 있느냐다. 구분하는 방법은 아주 간단하다. **a group**은 **Save the Whales**라고 자신이 부르는가, 아니면 사람들에 의해 불리는가? 그러므로 당연히 **called**를 사용해야 한다.

아, 그리고 **a group called**란 말은 원래 **a group which is called**였다. 그런데 거기서 **which is**가 생략된 것이다(그 그룹이 지금 있다고 생각해서 현재시제 **is**를 사용했으니 시제를 문제 삼지는 말자). 이런 내용을 우리는 문법책에서 '주격 관계대명사+**be**동사는 생략 가능하다'라고 배우는 것인데, 계속 강조하지만 그런 것 자세히 몰라도 영어하는 데 별 지장 없다. 다음을 보자.

> People eat banana for snacks and make bananas bread from them.
> Dried bananas can even be made into flour.

두 개의 문장이 있는데 서로 연결된 내용이다. 두 번째 문장 앞에 떡 하니 **Dried**라는 **pp**가 쓰였다. 앞에 **be**동사도 없이 말이다. 이건 어떻게 이해해야 할까? 이것도 부연설명인가? 하하, 아무 때나 부연설명 갖다 붙이지 마라. 문장 맨 처음에 있는데 부연설명이라는 건 말이 안 된다. 그럼 뭘까? 앞에서부터 차근차근 해석해보자.

People eat bananas / for snacks / and make banana bread / from them.

사람들은 먹는다, 바나나들을

⋮

스낵을 위해 (스낵으로)

⋮

그리고 만든다, 바나나 빵을

⋮

그것들(바나나들)로부터

Dried bananas / can even be made / into flour.

말려진 바나나들은 (바나나가 스스로 건조한 것이 아니라 말려진 것이다.
이런 건 토익시험에도 자주 등장한다.)

⋮

심지어 만들어질 수 있다

⋮무엇으로?

밀가루로

에이, 별거 아니다. 그냥 뒤에 있는 bananas를 수식하고 있는 형용사일
뿐이다. 그렇지만 pp이기 때문에 '말린'이 아니라 '말려진'이라고 해석하
는 것은 잊지 말자. 이해되는가?

그리고 뒤에는 be made, 즉 be동사+pp가 나온다. 어떻게 처리해야 한
다고? 그래, '만들다'가 아니라 '만들어지다'라고 이해해야 되겠다.

골치 아픈 분사구문
이것만 알면 된다

자, 여기선 분사구문을 잠깐 살펴볼 것이다. 갑자기 왜 분사구문이냐고? **pp**가 들어 있는 좀 더 심화된 문장을 보기 전에, 먼저 분사구문을 이해할 필요가 있기 때문이다. 예문을 보자.

Feeling the earthquake, I jumped out of the office.

비록 온전한 형태는 아니지만 두 개의 문장이 연결돼 있는 걸 알 수 있다. 앞의 문장엔 주어가 보이지 않고 동사도 **-ing** 형태를 취하고 있다. 그러고 보니 두 개의 문장이 연결돼 있음에도 접속사가 보이지 않는다. 바로 이런 문장을 분사구문이라고 한다.

우린 분사구문을 매우 복잡하게 배웠다. 그러나 그럴 필요 전혀 없다. 이 문장만 잘 처리할 수 있으면 분사구문이라는 용어를 사실 몰라도 상관없다. 자, 접속사도 없고 주어도 없는 저 문장을 어떻게 하면 매끄럽게 이해할 수 있을까?

우선 **Feeling the earthquake**을 대충 해석해보면 '지진을 느꼈다'가 된다. 누가? 주어가 없네. 하지만 대강 감이 온다. 바로 뒷 문장에 있는 I가 주어일 거란 걸 금세 추측할 수 있다. 그래, 지진이 일어난 걸 느끼고는 사무실 밖으로 뛰쳐나온 것이다. 누가? 내가! 지진을 느낀 것도, 사무실 밖으로 뛰쳐나온 것도 모두 I의 행동이다. 주어가 보이지 않는다는 건, 그

주변 어딘가에 있는 주어와 똑같기 때문에 생략된 거라고 봐야 한다.

이제 접속사만 해결하면 된다. 사실 그들은 이 문장에서 굳이 접속사를 쓰지 않아도 대강 말이 통하기 때문에 생략한 것이다. 때문에 정확히 어떤 접속사여야 하는지까지 콕 집어 챙길 필요 없다. 그저 두 문장이 매끄럽게 연결될 수 있도록 적당한 접속사 하나를 붙여서 이해하면 그만이다. 어떤 접속사를 넣어 이해하면 좋을까? 지진을 느꼈을 때(When), 지진을 느끼자마자(As soon as), 지진을 느낀 후에(After) 등등이 모두 가능하다. 그럼 차근차근 해석해보자.

Feeling the earthquake, / I jumped / out of the office.

(내가) 느꼈다, 지진을

⋮

(그래서 그때)

⋮

나는 점프했다

⋮

사무실 밖으로

여기서 하나, Feeling을 썼다는 사실에 주목했으면 한다. '내가 지진을 느낀 것'이기 때문에 능동을 표현하는 -ing를 사용한 것이다. 그 사실을 분명하게 기억하고 다음으로 넘어가보자.

분사구문의 pp도
반드시 수동의 의미로

이제부터는 **-ing**가 아니라 **pp**가 나오는 경우를 보자. **-ing**와 **pp**를 잘 구분해서 사용하는 것은 매우 중요하다. 왜냐, 주객이 전도되면 말도 안 되는 영어가 돼버리기 때문이며, 그래서 둘을 구분하는 문제가 각종 시험에 '약방의 감초'처럼 등장하기 때문이다. 먼저 예문을 보자.

Seen from an airplane, most of the field seems green.

앞에서 본 **Feeling**으로 시작하는 문장보다 더 이상해 보일 것이다. 그러나 겁먹을 필요 없다. 앞에서 했던 요령대로 문장을 이해해나가면 된다.

Seen / from an airplane, / most of the field seems green.

보여졌을 때 ('보았다'라고 해석해선 절대 안 된다.)

⋮

비행기로부터

⋮

대부분의 들판은

⋮

보인다

⋮

초록색으로

절대로 '보았을 때'라고 하지 말자. 왜? **Seen** 앞에 아무것도 없다는 것은 뒷문장의 주어 **most of the field**와 같다는 얘기다. 따라서 **most of the field**는 자신이 '보는 것'이 아니라 그것이 사람에 의해 '보여지는 것'이다. 그러니 이 문장에 만약 **Seeing**을 썼다면 '절대로 아니올시다!'가 된다. 접속사는 어떤 걸 넣어 이해하면 매끄러울까? **When** 정도를 넣어 해석하면 괜찮을 것 같다. 그럼 또 다른 예문을 보자. 위와 같은 요령으로 곧바로 해석해보자.

Compared / with her sister, / she is not so pretty.

비교되었을 때 (비교되어진다면)

⋮ 누구와?

그녀의 여동생과

⋮

그녀는 그렇게 예쁘지 않다

compare는 '~을 비교하다'라는 뜻이다. 하지만 **pp**형으로 쓰였으므로 '비교하다'라고 해석해선 안 된다. 수동의 의미를 살려 '비교되다, 비교당하다'라고 처리해야 한다.

다시 한 번 말하지만 우리식으로 어색하다고 해서 **pp**를 그냥 능동으로 두루뭉술하게 처리하지 말자. 언제나 그들의 사고방식대로 이해하려고 노력해야 한다.

영어는 부품 하나도 감각으로 끼운다

흔히들 전치사를 숙어에 따라 붙는 하찮은 존재로 알고 있다.
하지만 그들은 전치사 하나도 허투루 쓰는 법이 없다.
전치사는 사실 뜻이 많지 않다.
핵심 감각 하나만 정확히 이해하고 있으면,
어떤 문장을 만나더라도 대략적인 의미를 유추해볼 수 있다.
우리가 숙어라고 외웠던 그 많은 표현들도
알고 보면 전치사의 감각 안에서 거의 다 해결된다.

to : ~에 도달하다

우리는 전치사를 숙어에 따라 붙는 하찮은 존재로 알고 있다. 그러나 그건 큰 오해다. 영어를 잘하려면 전치사에 대해 제대로 알아야 한다.

I shot a horse to death.

학생들에게 이 문장을 해석해보라고 하면 대부분 다음과 같이 처리한다. '나는 죽이기 위해 말을 쏘았다.' 그러나 이건 완전히 잘못 해석한 거다. 이렇게 해석했다는 건 곧 전치사 to를 정확히 모른다는 뜻이다. 그리고 해석도 거꾸로 했다.

사람들은 전치사 to를 아주 우습게 생각한다. 사실 깊이 생각해본 적도 없을 것이다. 그동안 전치사 **to**를 '~에(까지)'라고 해석했겠지만, 앞으로는 '~에(까지) 도달하다'라고 이해하기 바란다. 그러면 영어 문장을 한결 명쾌하게 해석할 수 있다. 위 문장을 제대로 처리해보자.

I shot / a horse / to death.

나는 쏘았다

    ↓ 무엇을?

말을

    ↓ 그래서?

(그 말이) 죽음에 도달했다

앞에서부터 설명해나가는 그들의 사고방식대로 물 흐르듯 해석했다. 이 문장을 좀 더 깔끔하게 정리해보면 '나는 (총을) 쏴서 말을 죽였다'가 된다. 정말 명쾌하다. 다음 문장을 보자.

They stoned / him / to death.

그들이 돌로 때렸다

    ↓ 누구를?

그를

    ↓ 그래서?

(그가) 죽음에 도달했다

이 문장에서 **stoned** 자리에 **pressed**를 넣으면 '눌러서 죽였다'는 뜻이 되고, **skinned**를 넣으면 '피부를 벗겨서 죽였다'는 뜻이 된다. 조금 잔인

한 얘기지만 더 잘 기억하란 뜻에서 이런 예를 들었다.

He walked / me / to the hotel.

그는 걸었다

⋮ ↓

나를

⋮ 그래서?
↓

(나는) 호텔에 도달했다

'그가 걸어서 나를 호텔에 바래다주었다'는 뜻이다. **walked** 자리에 **drove**를 넣으면 **car**라는 말이 따로 없어도 '운전을 해서 나를 호텔에 데려다주었다'는 뜻이 된다.

We walked / the letter / to the mailbox.

우리는 걸었다

⋮ ↓

그 편지를

⋮ 그래서?
↓

(그 편지는) 우체통에 도달했다

'우리는 그 편지를 우체통까지 걸었다(?)' 이렇게 우리말로 옮기자니 영 찝찝하다. 화장실에서 볼일을 본 후 마무리하지 않은 그런 느낌이랄까? 이럴 때 우리의 머릿속은 하얗게 되지만, 그렇다고 별다른 수가 있는 것도 아니니 그냥 대충 처리한 채 넘어가곤 한다.

영문을 읽다보면 이런 식으로 명쾌하게 해석되지 않는 경우를 자주 만나게 된다. 문법이나 숙어를 몰라서가 아니다. 전치사 **to**를 제대로 이해하고 있지 못하기 때문이다. 이 문장을 '우리는 걸어가서 그 편지를 우체통에 넣었다'라고 해석하면 한결 명쾌해진다. 편지가 우체통에 도달했다는 얘기다.

She dieted / herself / to death.

그녀는 다이어트했다
⋮
그녀 자신을
⋮ 그래서?
(그녀는) 죽음에 도달했다

이 문장을 '그녀가 죽기 위해 다이어트했다' 혹은 '죽음까지 다이어트했다'라고 하면 정말 이상한 해석이 된다. 그렇게 하진 않을 거라고 믿는다. 이제는 자연스럽게 '그녀는 다이어트해서 스스로를 죽음에 이르게 했다', 즉 '그녀는 다이어트하다 죽었다'라고 이해하길 바란다. 그게 그들의 사고방식이다.

He struggled / to his feet.

그는 애썼다
⋮
그의 발까지 (?)

이런 해석이 말이 되는가? 안 된다. 그럼 어떻게 해야 할까? '그는 애써서 그의 발에 도달했다.' 즉, 애써서 일어났다는 말이다. 이보다 조금 더 진행된 문장 세 개를 더 보자.

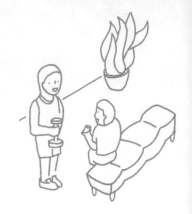

He helped her to her feet.

그는 도왔다
⋮ 그래서?
그녀가 그녀의 발에 도달했다

그가 도와서 그녀를 일으켜 세웠다는 말이다.

He forced her to her feet.

그가 강요했다
⋮ 그래서?
그녀가 일어났다

그가 억지로 그녀를 일으켜 세우는 장면이 그려지는가?

He startled her to her feet.

그가 깜짝 놀라게 했다
⋮ 그래서?
그녀가 (벌떡) 일어났다

그가 깜짝 놀라게 해서 그녀가 벌떡 일어났다는 뜻의 문장이다. 장면이 머릿속에 그려지면서 깔끔하게 해석된다.

The discount rate will be reduced / by 2% / to 8%.

그 할인율이 감소되어질 것이다 (pp를 수동으로 해석하는 걸 잊지 말자.)

⋮

2% 차이로

⋮ 그래서?

8%에 도달할 (것이다)

>>> by의 용도는 아주 많다. 여기 'by 2%'에서 by는 차이를 나타낸다.

'할인율이 줄어들게 될 것이다 / 2% 차이로 / (그래서) 8%가 될 것이다.' 그럼 원래 할인율은 몇 %였을까? 그렇다. 10%였다. 이 정도 계산이 된다면 독해 수준이 상당한 거다. 이런 문장을 제대로 해석하지 못하는 사람이 외국인들 상대로 장사를 하면 어떻게 될까?

on : ～위에 붙어 있다

우리는 **on**이란 녀석을 '～ 위에'라고 알고 있다. 하지만 **on**의 개념을 더 정확히 이해하자면 '～ 위에 붙어 있다'라고 해야 한다. **on**은 공간의 수직 개념을 기준으로 '위(上)'를 의미하는 것이 아니라 어떤 물체의 '표면 위에 붙어 있음'을 의미한다.

대체 무슨 말이냐고? 맨 처음 **on**을 배웠을 때를 떠올려보자. 이런 문장 아마 다들 기억하고 있을 것이다.

A book is on the desk.

그래, '책 한 권이 책상 위에 있다'는 뜻이다. 정말 쉽다. 하지만 이 문장이 뜻하는 바를 더 정확히 따지자면 '책 한 권이 책상 위에 붙어 있다'라고 해야 맞다. **on**은 단순히 '위에 있다'가 아니라 '위에 있으면서 접촉하고 있다'는 의미를 갖고 있는 것이다. **on**을 그저 '~ 위에'라고만 알고 있으면 아주 황당한 경우를 만날 수 있다. 바로 다음과 같은 예다.

A fly is on the ceiling.

'파리 한 마리가 천장 위에 있다'는 뜻이다. 뭐, 대강 말은 된다. 하지만 가만 생각해보자. 천장이란 건 아래를 향하고 있는데, 대체 '천장 위'는 어디를 말하는 것인가? 천장을 뚫고 지붕에? 하늘에?

아까 말했듯 **on**은 수직 개념을 기준으로 '위'를 의미하는 것이 아니다. 어떤 사물의 표면 위에 붙어 있음을 의미한다. 수직 개념을 기준으로 봤을 땐 분명 파리가 천장 아래쪽에 거꾸로 매달려 있는 것이겠지만, 천장의 표면에 붙어 있는 것이기 때문에 **on**을 쓰는 거다.

지구에 사람이 서 있는 모습을 떠올려보자. 지구는 동그란 '구'의 형태이기 때문에 상하좌우 어떤 방향으로나 서 있을 수 있다. 사람이 북극에 서 있으면 지구 위에 있는 모습일 거다. 하지만 남극에 서 있으면 지구에 거꾸로 매달려 있는 모습이 아닐까?

하지만 영어로 말할 때 지구의 어디에 서 있든 언제나 **on**을 써서 표현한다. 왜냐, 모두 지구의 표면에 붙어 있는 모습이기 때문이다. 이해되는가? 그럼 다음으로 넘어가보자.

He was on his feet / knees / back / stomach / side / head.

그는 그의 발 / 무릎 / 등 / 배 / 옆구리 / 머리 위에 붙어 있었다 (?)

on을 '~ 위에 붙어 있다'로 이해하라고 해서 그렇게 해석했는데 매우 어색하다. 그가 그의 발 위에 붙어 있었다니, 이게 대체 무슨 말인 걸까?

아까 파리의 예를 다시 생각해보자. 파리가 천장 위에 붙어 있다. 그건 곧 파리가 '천장을 기반으로 해서 있다'는 의미로 이해할 수 있지 않을까? 이 문장도 바로 그런 뜻인 거다. 그가 그의 발 위에 붙어 있었다는 건 '그의 발을 기반으로 해서 있었다'는 의미로 이해할 수 있다. 즉, 서 있었다는 얘기다.

무릎을 기반으로 해서 있으면 '무릎을 꿇고 있었다'는 의미인 거고, 등을 기반으로 해서 있으면 등이 가장 바닥에 있는 모양이니 '누워 있었다'는 의미가 된다. 배를 기반으로 해서 있으면 반대로 '엎드려 있었다'는 의미인 거고, 옆구리를 기반으로 해서 있으면 '비스듬히 누워 있었다'는 의미가 된다. 그럼 머리를 기반으로 해서 있으면? 그래. '물구나무 서 있었다'는 의미인 거다.

사실 나는 고등학교 때 **be on one's feet**을 '서 있다'라고 달달 외웠다. 그러나 이걸 숙어랍시고 힘들게 외울 필요가 있을까? 전치사 **on**을 제대로 이해해서 자주 접하면 쉽게 해결되는 것을 말이다.

전치사 **on**의 기본 의미는 '붙어 있음'이라고 했다. 그런데 붙어 있다는 걸 시간 개념에 적용하면 어떻게 될까? '계속, 연속'의 의미가 되지 않을까? 다음 문장을 보자.

It has been raining / on and on.

비가 오고 있는 중이다
  ⋮ 어떻게?
붙고 또 붙어서 (?)

on and on은 '붙고 또 붙어서', 즉 비가 계속 붙어서 온다는 뜻이다. '비가 오고 있는 중이다, 계속해서'라고 해석하면 된다. 만일 이 문장에 **on and on**이 아니라 **on and off**를 쓴다면 어떻게 될까? **off**는 **on**과 반대로 '분리'의 개념이므로 '비가 왔다가 멈췄다가 왔다가 멈췄다가' 한다는 뜻이 될 것이다.

사실 on이 '계속'의 의미로 사용되는 관용적 표현을 우리는 이미 많이 알고 있다. **go on**, **keep on**, **carry on**에 쓰인 **on**은 모두 '계속'의 의미를 나타내고 있다.

into : ~ 안으로 들어가다

He ran / into the office.

그는 달렸다

⋮ 그래서?

사무실 안으로 들어갔다

전치사 **to**를 '~에'가 아닌 '~에 도달하다'로 이해해야 하는 것처럼, **into**도 '~ 안으로'가 아닌 '~ 안으로 들어가다'로 애해할 필요가 있다. 다음 예문을 보자.

I argued my son into going to the kindergarten.

이 문장은 꽤 복잡해 보인다. 그러나 겁낼 필요 없다. 주어와 동사부터 차근차근 해석해보자.

I argued / my son / into / going to the kindergarten.

나는 주장했다

   ⋮ 누구에게?

내 아들에게

   ⋮ 그래서?

(내 아들이) 안으로 들어갔다

   ⋮ 어디 안으로?

유치원에 가는 것 (안으로)

'내가 주장해서 나의 아들이 유치원에 가게 되었다'는 뜻이다. 만약 주장 했는데도 유치원에 보내지 못했다면 다음과 같이 표현하면 되겠다. I couldn't argue my son into going to the kindergarten. 마지막으로 한 문장 더 보자.

She persuaded / her husband / into / believing in God.

그녀는 설득했다

   ⋮ 누구를?

그녀의 남편을

   ⋮ 그래서?

(그녀의 남편이) 안으로 들어갔다

   ⋮ 어디 안으로?

God을 믿는 것 (안으로)

out of : ~ 밖으로 나오다

out of도 마찬가지다. '~ 밖으로'가 아닌 '~ 밖으로 나오다'로 이해하면 영문 해석이 훨씬 명쾌해진다. 아래 예문 둘을 이어서 보자.

My wife talked / me / out of / smoking.

나의 아내는 말(설득)했다

⋮ 누구에게?

나에게

⋮ 그래서?

(나는) 밖으로 나왔다

⋮ 어디 밖으로?

담배 피우는 것 (밖으로)

His aunt had seriously considered / suicide, / but reasoned / herself / out of it.

그의 고모는 심각하게 고려했었다

⋮ 무엇을?

자살을

⋮

그러나 이유를 대며 논리적으로 설득했다

⋮ 누구를?

그녀 자신을

⋮ 그래서?

(그녀는) 그것(자살)의 밖으로 나왔다 (＝자살을 포기했다)

through : ～을 관통하다

through는 역시 '～을 통해서'라고 알고 있었을 거다. 하지만 이제부터는 '～을 관통하다'라고 알아두자. 영문이 훨씬 쉽게 이해될 것이다. 예문을 보자.

They were driving / through the jungle.

그들은 운전하고 있었다

⋮

정글을 통해서

물론 위와 같이 해석해도 별 무리는 없다. 그러나 그보단 다음과 같이 해석하는 게 더 좋다.

They were driving / through the jungle.

그들은 운전하고 있었다

⋮ 그래서?

(그들은) 정글을 관통했다

He went / through college / last summer.

그는 갔다

⋮ 그래서?

(그는) 대학을 관통했다(끝마쳤다)

⋮

지난 여름에

I kicked / the ball / through the window.

나는 찼다

⋮ 무엇을?

그 공을

⋮ 그래서?

(그 공이) 창문을 관통했다

이 문장을 이제 '나는 창문을 통해 공을 찼다'라고 해석하진 않겠지? 공을 차서 창문이 깨졌는지, 깨져서 집 주인에게 혼났는지 따위는 상관 말자. 그냥 '내가 공을 차서 그 공이 창문을 관통했다' 정도만 이해하고 넘어가자. 그게 올바른 해석이기도 하니까.

He helped / her / through college.

그는 도왔다

⋮ 누구를?

그녀를

⋮ 그래서?

(그녀가) 대학을 관통했다(졸업했다)

만약 helped 대신 forced를 쓰면 어떻게 될까? '그가 강요해서 그녀가
대학을 졸업하게 되었다'는 의미가 될 것이다.

turn out : 돌려서 내보내다

혹시 이어동사(타동사＋부사)라는 말을 들어보았는가? 들어본 적이 없다면
더욱 좋다. 아마도 이어동사가 무엇인지 알지도 못한 채 그저 외우라고
하니까 외웠던 사람들이 많을 거다.
예컨대 우리는 turn out을 '생산하다'라고 외운다. 그런데 그 말이 왜 '생
산하다'라는 뜻을 갖게 됐는지 그 이유를 알고는 외우는지?

**The assembly line / turns out / 30 cars / each
day.**

그 조립 라인은

　⋮

돌려서 내보낸다

　⋮ 무엇을?

30대의 자동차들을

　⋮

각각의 날(매일)

이 문장의 turns out 30 cars 부분을 turns 30 cars out으로 바꿔 써도

된다. 그럼 다음과 같이 될 것이다.

The assembly line / turns / 30 cars / out / each day.

그 조립 라인은

⋮↓

돌린다

⋮↓ 무엇을?

30대의 자동차들을

⋮↓ 그래서?

(그 자동차들이) 나온다

⋮↓

매일

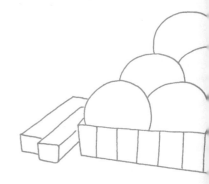

자동차 회사의 조립 라인을 생각해보자. 컨베이어 벨트 위를 한 바퀴 돌면서 차의 부속품들이 조립되면 완성된 자동차가 나온다. 이 문장은 바로 그런 걸 나타낸 것이다. 만일 turn out의 이러한 감각을 전혀 모른 채 '생산하다'라고만 외운다면 다음 문장을 해석하기 어려울 거다.

The dog / turned out / a stranger.

그 개가

⋮↓

생산했다 (?)

⋮↓ 무엇을?

낯선 사람을

157

말이 되는가? 무슨 SF에 나오는 얘기라면 모를까. 이 문장은 '그 개가 돌았다 / (그래서) 낯선 사람이 나갔다'라고 이해해야 한다. 여기서 **turn out**은 '쫓아내다'라는 의미를 갖는다.

I turned out the light.

나는 돌렸다
⋮ 그래서?
불이 나갔다

turn out을 '생산하다', '쫓아내다'라고만 외우게 되면 이 문장 역시 해결하기 어렵다. 여기선 '내가 돌려서 불이 나갔다', 즉 '내가 불을 껐다'는 의미다.

bring up : 가져와서 올리다

bring up을 우린 보통 '키우다, 양육하다'라고 외웠다. 그런데 가만 따져보면 **bring up**은 무언가를 '가져와서(bring)' 육체적, 정신적으로 '업(up)' 시킨다는 의미를 갖고 있다.

아이를 데려와서 **up** 시키면 '양육하다, 키우다'라는 의미가 된다. 내가 당신을 데리고 와서 영어를 **up** 시키면 '가르치다'란 뜻이 되고, 어제 저

녁 술을 진탕 마시고 그것을 **bring up**하면 '토하다(throw up, vomit)'란 뜻이 되는 거다.

The eruption of the volcanoes / brought up / gases and molten rock.

화산들의 폭발이

⋮

가지고 와서 올렸다

⋮ 무엇을?

가스와 녹여진 바위들을

이 문장을 '화산의 폭발이 가스와 녹여진 바위를 양육했다'라고 해석하면 웃기지 않겠는가? 이때의 **brought up**은 '가져와서 올렸다', 즉 '분출했다'라고 해야 자연스럽다.

이상 **turn out**과 **bring up**을 살펴보았다. '이어동사'라고 해서 무조건 뜻을 외우는 건 미련한 짓이라는 걸 충분히 깨달았으리라 믿는다. 외우더라도 이해하고 외우자. 물론 더 좋은 방법은 상황이나 전후 문맥에 맞춰 이해하는 것이다.

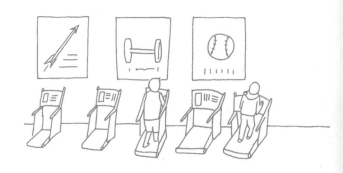

영문독해의 아이러니

펴낸날   초판 1쇄 2009년 10월 15일

지은이   송남영
펴낸이   심만수
펴낸곳   (주)살림출판사
출판등록 1989년 11월 1일 제9-210호

경기도 파주시 교하읍 문발리 파주출판도시 522-2
전화 031)955-1350 팩스 031)955-1355
기획·편집 031)955-1381
http://www.sallimbooks.com
book@sallimbooks.com

ISBN 978-89-522-1258-0 53740
        978-89-522-1262-7 (세트)

* 값은 뒤표지에 있습니다.
* 잘못 만들어진 책은 구입하신 서점에서 바꾸어 드립니다.
* 이 책은 2004년 살림에서 펴낸 〈영어가 거짓말처럼 쉬워지는 독해비법 8가지〉의
  전면 개정판입니다.

책임편집 김현진